OVID

Amores
Metamorphoses

Selections
Third Edition

Teacher's Guide

ANNOTATED COLLECTION

Ovid: *Amores, Metamorphoses* Selections, Third Edition (2013)
Writing Passion: A Catullus Reader, Second Edition (2013)
Writing Passion Plus: A Catullus Reader Supplement (2013)

Forthcoming
Cicero: *De Amicitia*, Second Edition
Cicero: *Pro Archia Poeta Oratio*, Third Edition
Cicero: *Pro Caelio*, Fourth Edition
Horace: Selected *Odes* and *Satire* 1.9, Third Edition

OVID

Amores
Metamorphoses

Selections
Third Edition

Teacher's Guide

Charbra Adams Jestin
&
Phyllis B. Katz

Bolchazy-Carducci Publishers, Inc.
Mundelein, Illinois USA

Editor: Bridget Dean

Contributing Editors: Laurie Haight Keenan and Laurel Draper

Design and Layout: Adam Phillip Velez

Cover Graphic: Aphrodite & Eros, Terracotta from Tanara, IVc BC
Seattle Museum of Art, Photo: R. Schoder, S.J.

Bolchazy-Carducci Publishers, Inc.
1570 Baskin Road
Mundelein, Illinois 60060
www.bolchazy.com

Printed in the United States of America
2013
by CreateSpace

ISBN 978-0-86516-785-8

CONTENTS

A NOTE TO THE TEACHER

Our goal in preparing this textbook has been to provide students with ample aid for reading and comprehending selections from the works of Ovid. We hope that students will find this textbook easy to use, that they will discover in it the guidance and information necessary to read and comprehend the Latin passages on their own with minimal dependence on the teacher, and that they will thus learn to enjoy Ovid's poetry.

The Student Edition begins with a Note to the Student to offer guidance on the use of the text. It lists specific grammatical and stylistic usages, common in Ovid, which students should always keep in mind while reading. An introduction to the life and works of Ovid is followed by a general introduction to the *Amores*. Moreover, a brief introduction precedes each of the eight individual poems. Similarly, this textbook provides a general introduction to the entire *Metamorphoses*, individual prefaces to each passage that help the student to place each story within the larger context of the complete epic, and maps to locate the poet and his stories in the ancient Mediterranean world.

Each page of Latin text in the student edition contains glosses for vocabulary words that students may not have encountered or mastered in a typical third year Latin curriculum, as well as glosses for many of the more difficult grammatical and syntactical constructions (e.g., datives, ablatives, and subjunctives). Also, each page gives explanations for the names of people and places, and offers commentary on Ovid's poetic technique, including figures of speech and metrical devices. As the textbook progresses from the *Amores* through the *Metamorphoses*, the number of references pointing out the stylistic devices already noted in the earlier passages diminishes, since students by the end of the book should have developed an eye and ear for picking up the more obvious ones on their own.

Appendices on Figures of Speech, Metrics, a High Frequency Vocabulary List, a full glossary, and a comprehensive bibliography, organized by topic, and including suggestions for material available about Ovid on the Internet, complete the Student Edition.

This Teacher's Edition presents all the Latin passages in a large print format suitable for making transparencies for general classroom use. There are prose translations for each Latin passage. A sample testing program includes three types of questions for each passage, each based on the specific text provided.

Please note that in the 2013 printing of the student edition of *Ovid: Amores, Metamorphoses Selections, Third Edition*, the glossary is missing some entries. Subsequent printings will contain a complete glossary. Missing vocabulary entries and definitions are posted online at http://www.bolchazy.com/Assets/Bolchazy/extras/OvidAmores Metamorphoses3rdEd.GlossaryAdditions.pdf

SUGGESTIONS FOR TEACHING SCANSION

Most students enjoy scanning, once they understand how to do it. We have found the following steps helpful in teaching dactylic hexameter and elegiacs.

Begin by explaining to students that Latin meter, based on patterns of long and short syllables, differs from the meters of English poetry, especially iambic pentameter, which are based on word stress. Persuade students that learning scansion is important because classical poetry should be read aloud, since it was composed to be heard as well as read.

For dactylic hexameter:

- use a pronunciation guide to discuss the quantity of vowels and diphthongs and to remind students that all syllables in Latin are pronounced
- remind students to consult vocabulary lists and dictionaries for macrons
- also remind them of those forms that are always long (e.g., datives and ablatives of the first and second declensions, masculine nominative and accusative plurals, etc.)
- then introduce the concept of meter as an alternation of long and short syllables and write out the pattern for dactyls – ⏑ ⏑ and spondees – –
- remind students that a hexameter line consists of six feet
- write out the patterns for a dactylic hexameter line on the blackboard or overhead projector:

dactylic hexameter line:

```
 1     2     3     4     5     6
– ⏑⏑ | – ⏑⏑ | – ⏑⏑ | – ⏑⏑ | – ⏑⏑ | – –
 ↕     ↕     ↕     ↕
– –  | – –  | – –  | – –  | – ⏑⏑ | – –
```

- explain that resolution, the substitution of a spondee for a dactyl, occurs in any of the first four feet, rarely in the fifth, and that the sixth foot can always be marked – –
- next write out several lines of dactylic hexameter poetry and read them to the students
- show them how to mark the long and short syllables and teach them to watch for elisions
- encourage students to begin at the end of a line of dactylic hexameter and mark the last foot and the fifth foot since these two feet are nearly always predictable (i.e., the fifth a dactyl and the sixth a spondee)
- then have students shift to the beginning of the line to determine the remaining pattern
- ask the students to mark the caesura and explain that the caesura is a place to take a pause or breath in reading the line and that it often corresponds with a punctuation break. A caesura occurs at the end of a word but in the middle of a metrical foot. In Ovid, the principal caesura is ordinarily masculine (i.e., occurring after the first syllable in the foot) in the third foot. Feminine caesurae (i.e., after the second syllable of a dactyl) are less usual in Ovid but occur occasionally. Some hexameter lines contain two caesurae—one in the second and another in the fourth foot (see Appendix in Student Edition for examples).
- finally, assign practice exercises scanning lines from the *Metamorphoses*

For the elegiac couplet:

- explain to students that the elegiac couplet consists of two lines, one of dactylic hexameter, a pattern they already know, and one of pentameter:

```
hexameter line:
  1      2      3      4      5     6
– ⏑⏑ | – ⏑⏑ | – ⏑⏑ | – ⏑⏑ | – ⏑⏑ | – –
  ↕      ↕      ↕      ↕
– –  | – –  | – –  | – –  | – ⏑⏑ | – –
```

pentameter line:

```
  1       2    ½ ||  3       4     ½
– ⏑⏑ | – ⏑⏑ | – ||– ⏑⏑ | – ⏑⏑ | –
  ↕       ↕
– – | – – |
```

- point out to students the peculiarities of the pentameter line:
    - spondees may replace the dactyls only in the first two feet of the line
    - the line is always divided equally in half by a caesura
    - the first half of the line always ends with a single long syllable (a half foot)
    - the second half of the line always consists of two dactyls and ends with one long half foot
- provide practice exercises in scanning lines from the *Amores*

Large-Print Text of the Passages

AMORES I. 1

Arma gravi numero violentaque bella parabam
 edere, materia conveniente modis.
par erat inferior versus; risisse Cupido
 dicitur atque unum surripuisse pedem.
"quis tibi, saeve puer, dedit hoc in carmina iuris?
 Pieridum vates, non tua, turba sumus.
quid si praeripiat flavae Venus arma Minervae,
 ventilet accensas flava Minerva faces?
quis probet in silvis Cererem regnare iugosis,
 lege pharetratae virginis arva coli?
crinibus insignem quis acuta cuspide Phoebum
 instruat, Aoniam Marte movente lyram?
sunt tibi magna, puer, nimiumque potentia regna:
 cur opus affectas ambitiose novum?
an, quod ubique, tuum est? tua sunt Heliconia tempe?
 vix etiam Phoebo iam lyra tuta sua est?
cum bene surrexit versu nova pagina primo,
 attenuat nervos proximus ille meos.
nec mihi materia est numeris levioribus apta,
 aut puer aut longas compta puella comas."

questus eram, pharetra cum protinus ille soluta
  legit in exitium spicula facta meum
lunavitque genu sinuosum fortiter arcum
  "quod" que "canas, vates, accipe" dixit "opus."
me miserum! certas habuit puer ille sagittas.
  uror, et in vacuo pectore regnat Amor.
sex mihi surgat opus numeris, in quinque residat;
  ferrea cum vestris bella valete modis.
cingere litorea flaventia tempora myrto,
  Musa per undenos emodulanda pedes.

AMORES I. 3

Iusta precor: quae me nuper praedata puella est,
   aut amet aut faciat, cur ego semper amem.
a, nimium volui: tantum patiatur amari,
   audierit nostras tot Cytherea preces.
accipe, per longos tibi qui deserviat annos;
   accipe, qui pura norit amare fide.
si me non veterum commendant magna parentum
   nomina, si nostri sanguinis auctor eques,
nec meus innumeris renovatur campus aratris,
   temperat et sumptus parcus uterque parens,
at Phoebus comitesque novem vitisque repertor
   hac faciunt et me qui tibi donat Amor
et nulli cessura fides, sine crimine mores,
   nudaque simplicitas purpureusque pudor.
non mihi mille placent, non sum desultor amoris:
   tu mihi, si qua fides, cura perennis eris;
tecum, quos dederint annos mihi fila sororum,
   vivere contingat teque dolente mori;
te mihi materiem felicem in carmina praebe:
   provenient causa carmina digna sua.

carmine nomen habent exterrita cornibus Io
    et quam fluminea lusit adulter ave
quaeque super pontum simulato vecta iuvenco
    virginea tenuit cornua vara manu.
nos quoque per totum pariter cantabimur orbem
    iunctaque semper erunt nomina nostra tuis.

AMORES I. 9

Militat omnis amans, et habet sua castra Cupido;
   Attice, crede mihi, militat omnis amans.
quae bello est habilis, Veneri quoque convenit aetas:
   turpe senex miles, turpe senilis amor.
quos petiere duces animos in milite forti,
   hos petit in socio bella puella viro:
pervigilant ambo, terra requiescit uterque;
   ille fores dominae servat, at ille ducis.
militis officium longa est via: mitte puellam,
   strenuus exempto fine sequetur amans;
ibit in adversos montes duplicataque nimbo
   flumina, congestas exteret ille nives,
nec freta pressurus tumidos causabitur Euros
   aptave verrendis sidera quaeret aquis.
quis nisi vel miles vel amans et frigora noctis
   et denso mixtas perferet imbre nives?
mittitur infestos alter speculator in hostes,
   in rivale oculos alter, ut hoste, tenet.
ille graves urbes, hic durae limen amicae
   obsidet; hic portas frangit, at ille fores.

saepe soporatos invadere profuit hostes
caedere et armata vulgus inerme manu.
sic fera Threicii ceciderunt agmina Rhesi,
et dominum capti deseruistis equi.
nempe maritorum somnis utuntur amantes
et sua sopitis hostibus arma movent.
custodum transire manus vigilumque catervas
militis et miseri semper amantis opus.
Mars dubius, nec certa Venus: victique resurgunt,
quosque neges umquam posse iacere, cadunt.
ergo desidiam quicumque vocabat amorem,
desinat: ingenii est experientis Amor.
ardet in abducta Briseide magnus Achilles
(dum licet, Argeas frangite, Troes, opes);
Hector ab Andromaches complexibus ibat ad arma,
et galeam capiti quae daret, uxor erat;
summa ducum, Atrides visa Priameide fertur
Maenadis effusis obstipuisse comis.
Mars quoque deprensus fabrilia vincula sensit:
notior in caelo fabula nulla fuit.
ipse ego segnis eram discinctaque in otia natus;
mollierant animos lectus et umbra meos;

impulit ignavum formosae cura puellae,
    iussit et in castris aera merere suis.
inde vides agilem nocturnaque bella gerentem:
    qui nolet fieri desidiosus, amet.

AMORES I. 11

Colligere incertos et in ordine ponere crines
    docta neque ancillas inter habenda Nape
inque ministeriis furtivae cognita noctis
    utilis et dandis ingeniosa notis,
saepe venire ad me dubitantem hortata Corinnam,
    saepe laboranti fida reperta mihi,
accipe et ad dominam peraratas mane tabellas
    perfer et obstantes sedula pelle moras.
nec silicum venae nec durum in pectore ferrum
    nec tibi simplicitas ordine maior adest;
credibile est et te sensisse Cupidinis arcus:
    in me militiae signa tuere tuae.
si quaeret quid agam, spe noctis vivere dices;
    cetera fert blanda cera notata manu.
dum loquor, hora fugit: vacuae bene redde tabellas,
    verum continuo fac tamen illa legat.
aspicias oculos mando frontemquc legentis:
    et tacito vultu scire futura licet.
nec mora, perlectis rescribat multa iubeto:
    odi, cum late splendida cera vacat.

comprimat ordinibus versus, oculosque moretur
  margine in extremo littera †rasa† meos.
quid digitos opus est graphio lassare tenendo?
  hoc habeat scriptum tota tabella "veni."
non ego victrices lauro redimire tabellas
  nec Veneris media ponere in aede morer.
subscribam VENERI FIDAS SIBI NASO MINISTRAS
  DEDICAT. AT NUPER VILE FUISTIS ACER.

AMORES I. 12

Flete meos casus: tristes rediere tabellae;
infelix hodie littera posse negat.
omina sunt aliquid: modo cum discedere vellet,
ad limen digitos restitit icta Nape.
missa foras iterum limen transire memento
cautius atque alte sobria ferre pedem.
ite hinc, difficiles, funebria ligna, tabellae,
tuque, negaturis cera referta notis,
quam, puto, de longae collectam flore cicutae
melle sub infami Corsica misit apis.
at tamquam minio penitus medicata rubebas:
ille color vere sanguinulentus erat.
proiectae triviis iaceatis, inutile lignum,
vosque rotae frangat praetereuntis onus.
illum etiam, qui vos ex arbore vertit in usum,
convincam puras non habuisse manus.
praebuit illa arbor misero suspendia collo,
carnifici diras praebuit illa cruces;
illa dedit turpes raucis bubonibus umbras,
vulturis in ramis et strigis ova tulit.

his ego commisi nostros insanus amores
  molliaque ad dominam verba ferenda dedi?
aptius hae capiant vadimonia garrula cerae,
  quas aliquis duro cognitor ore legat;
inter ephemeridas melius tabulasque iacerent,
  in quibus absumptas fleret avarus opes.
ergo ego vos rebus duplices pro nomine sensi:
  auspicii numerus non erat ipse boni.
quid precer iratus, nisi vos cariosa senectus
  rodat, et immundo cera sit alba situ?

AMORES II. 19

Si tibi non opus est servata, stulte, puella,
    at mihi fac serves, quo magis ipse velim.
quod licet, ingratum est; quod non licet, acrius urit:
    ferreus est, si quis quod sinit alter, amat.
speremus pariter, pariter metuamus amantes,
    et faciat voto rara repulsa locum.
quo mihi fortunam, quae numquam fallere curet?
    nil ego quod nullo tempore laedat amo.
viderat hoc in me vitium versuta Corinna,
    quaque capi possem callida norat opem.
a, quotiens sani capitis mentita dolores
    cunctantem tardo iussit abire pede!
a, quotiens finxit culpam, quantumque licebat
    insonti, speciem praebuit esse nocens!
sic ubi vexarat tepidosque refoverat ignes,
    rursus erat votis comis et apta meis.
quas mihi blanditias, quam dulcia verba parabat!
    oscula, di magni, qualia quotque dabat!
tu quoque, quae nostros rapuisti nuper ocellos,
    saepe time simulans, saepe rogata nega,

et sine me ante tuos proiectum in limine postes
longa pruinosa frigora nocte pati.
sic mihi durat amor longosque adolescit in annos;
hoc iuvat; haec animi sunt alimenta mei.
pinguis amor nimiumque patens in taedia nobis
vertitur et, stomacho dulcis ut esca, nocet.
si numquam Danaen habuisset aenea turris,
non esset Danae de Iove facta parens;
dum servat Iuno mutatam cornibus Io,
facta est quam fuerat, gratior illa Iovi.
quod licet et facile est quisquis cupit, arbore frondes
carpat et e magno flumine potet aquam.
siqua volet regnare diu, deludat amantem.
(ei mihi, ne monitis torquear ipse meis!)
quidlibet eveniat, nocet indulgentia nobis:
quod sequitur, fugio; quod fugit, ipse sequor.
At tu, formosae nimium secure puellae,
incipe iam prima claudere nocte forem;
incipe, quis totiens furtim tua limina pulset,
quaerere, quid latrent nocte silente canes,
quas ferat et referat sollers ancilla tabellas,
cur totiens vacuo secubet ipsa toro.

mordeat ista tuas aliquando cura medullas,
daque locum nostris materiamque dolis.
ille potest vacuo furari litore harenas,
uxorem stulti si quis amare potest.
iamque ego praemoneo: nisi tu servare puellam
incipis, incipiet desinere esse mea.
multa diuque tuli; speravi saepe futurum,
cum bene servasses, ut bene verba darem.
lentus es et pateris nulli patienda marito;
at mihi concessi finis amoris erit!
scilicet infelix numquam prohibebor adire?
nox mihi sub nullo vindice semper erit.
nil metuam? per nulla traham suspiria somnos?
nil facies, cur te iure perisse velim?
quid mihi cum facili, quid cum lenone marito?
corrumpit vitio gaudia nostra suo.
quin alium, quem tanta iuvat patientia, quaeris?
me tibi rivalem si iuvat esse, veta.

AMORES III. 12

Quis fuit ille dies, quo tristia semper amanti
omina non albae concinuistis aves?
quodve putem sidus nostris occurrere fatis,
quosve deos in me bella movere querar?
quae modo dicta mea est, quam coepi solus amare,
cum multis vereor ne sit habenda mihi.
fallimur, an nostris innotuit illa libellis?
sic erit: ingenio prostitit illa meo.
et merito: quid enim formae praeconia feci?
vendibilis culpa facta puella mea est.
me lenone placet, duce me perductus amator,
ianua per nostras est adaperta manus.
an prosint, dubium, nocuerunt carmina certe:
invidiae nostris illa fuere bonis.
cum Thebae, cum Troia foret, cum Caesaris acta,
ingenium movit sola Corinna meum.
aversis utinam tetigissem carmina Musis,
Phoebus et inceptum destituisset opus!
Nec tamen ut testes mos est audire poetas:
malueram verbis pondus abesse meis.

per nos Scylla patri caros furata capillos
pube premit rabidos inguinibusque canes;
nos pedibus pinnas dedimus, nos crinibus angues;
victor Abantiades alite fertur equo.
idem per spatium Tityon porreximus ingens
et tria vipereo fecimus ora cani;
fecimus Enceladon iaculantem mille lacertis,
ambiguae captos virginis ore viros.
Aeolios Ithacis inclusimus utribus Euros;
proditor in medio Tantalus amne sitit;
de Niobe silicem, de virgine fecimus ursam;
concinit Odrysium Cecropis ales Ityn.
Iuppiter aut in aves aut se transformat in aurum
aut secat inposita virgine taurus aquas.
Protea quid referam Thebanaque semina, dentes,
qui vomerent flammas ore, fuisse boves;
flere genis electra tuas, auriga, sorores;
quaeque rates fuerint, nunc maris esse deas,
aversumque diem mensis furialibus Atrei,
duraque percussam saxa secuta lyram?
exit in inmensum fecunda licentia vatum,
obligat historica nec sua verba fide:

et mea debuerat falso laudata videri

femina; credulitas nunc mihi vestra nocet.

AMORES III. 15

Quaere novum vatem, tenerorum mater Amorum:
raditur haec elegis ultima meta meis;
quos ego composui, Paeligni ruris alumnus,
(nec me deliciae dedecuere meae)
si quid id est, usque a proavis vetus ordinis heres,
non modo militiae turbine factus eques.
Mantua Vergilio gaudet, Verona Catullo;
Paelignae dicar gloria gentis ego,
quam sua libertas ad honesta coegerat arma,
cum timuit socias anxia Roma manus.
atque aliquis spectans hospes Sulmonis aquosi
moenia, quae campi iugera pauca tenent,
"quae tantum" dicet "potuistis ferre poetam,
quantulacumque estis, vos ego magna voco."
culte puer puerique parens Amathusia culti,
aurea de campo vellite signa meo:
corniger increpuit thyrso graviore Lyaeus;
pulsanda est magnis area maior equis.
imbelles elegi, genialis Musa, valete,
post mea mansurum fata superstes opus.

CREATION

Met. I. 1–88

In nova fert animus mutatas dicere formas
corpora; di, coeptis (nam vos mutastis et illas)
adspirate meis primaque ab origine mundi
ad mea perpetuum deducite tempora carmen!
Ante mare et terras et quod tegit omnia caelum
unus erat toto naturae vultus in orbe,
quem dixere chaos: rudis indigestaque moles
nec quicquam nisi pondus iners congestaque eodem
non bene iunctarum discordia semina rerum.
nullus adhuc mundo praebebat lumina Titan,
nec nova crescendo reparabat cornua Phoebe,
nec circumfuso pendebat in aere tellus
ponderibus librata suis, nec bracchia longo
margine terrarum porrexerat Amphitrite;
utque erat et tellus illic et pontus et aer,
sic erat instabilis tellus, innabilis unda,
lucis egens aer; nulli sua forma manebat,
obstabatque aliis aliud, quia corpore in uno
frigida pugnabant calidis, umentia siccis,
mollia cum duris, sine pondere, habentia pondus.

Hanc deus et melior litem natura diremit.
nam caelo terras et terris abscidit undas
et liquidum spisso secrevit ab aere caelum.
quae postquam evolvit caecoque exemit acervo,
dissociata locis concordi pace ligavit:
ignea convexi vis et sine pondere caeli
emicuit summaque locum sibi fecit in arce;
proximus est aer illi levitate locoque;
densior his tellus elementaque grandia traxit
et pressa est gravitate sua; circumfluus umor
ultima possedit solidumque coercuit orbem.
Sic ubi dispositam quisquis fuit ille deorum
congeriem secuit sectamque in membra coegit,
principio terram, ne non aequalis ab omni
parte foret, magni speciem glomeravit in orbis.
tum freta diffundi rapidisque tumescere ventis
iussit et ambitae circumdare litora terrae;
addidit et fontes et stagna inmensa lacusque
fluminaque obliquis cinxit declivia ripis,
quae, diversa locis, partim sorbentur ab ipsa,
in mare perveniunt partim campoque recepta
liberioris aquae pro ripis litora pulsant.

iussit et extendi campos, subsidere valles,
fronde tegi silvas, lapidosos surgere montes,
utque duae dextra caelum totidemque sinistra
parte secant zonae, quinta est ardentior illis,
sic onus inclusum numero distinxit eodem
cura dei, totidemque plagae tellure premuntur.
quarum quae media est, non est habitabilis aestu;
nix tegit alta duas; totidem inter utramque locavit
temperiemque dedit mixta cum frigore flamma.
Inminet his aer, qui, quanto est pondere terrae
pondus aquae levius, tanto est onerosior igni.
illic et nebulas, illic consistere nubes
iussit et humanas motura tonitrua mentes
et cum fulminibus facientes fulgura ventos.
His quoque non passim mundi fabricator habendum
aera permisit; vix nunc obsistitur illis,
cum sua quisque regat diverso flamina tractu,
quin lanient mundum; tanta est discordia fratrum.
Eurus ad Auroram Nabataeaque regna recessit
Persidaque et radiis iuga subdita matutinis;
vesper et occiduo quae litora sole tepescunt,
proxima sunt Zephyro; Scythiam septemque triones

horrifer invasit Boreas; contraria tellus
nubibus adsiduis pluviaque madescit ab Austro.
haec super inposuit liquidum et gravitate carentem
aethera nec quicquam terrenae faecis habentem.
Vix ita limitibus dissaepserat omnia certis,
cum, quae pressa diu fuerant caligine caeca,
sidera coeperunt toto effervescere caelo;
neu regio foret ulla suis animalibus orba,
astra tenent caeleste solum formaeque deorum,
cesserunt nitidis habitandae piscibus undae,
terra feras cepit, volucres agitabilis aer.

Sanctius his animal mentisque capacius altae
deerat adhuc et quod dominari in cetera posset:
natus homo est, sive hunc divino semine fecit
ille opifex rerum, mundi melioris origo,
sive recens tellus seductaque nuper ab alto
aethere cognati retinebat semina caeli.
quam satus Iapeto, mixtam pluvialibus undis,
finxit in effigiem moderantum cuncta deorum,
pronaque cum spectent animalia cetera terram,
os homini sublime dedit caelumque videre
iussit et erectos ad sidera tollere vultus:

sic, modo quae fuerat rudis et sine imagine, tellus
induit ignotas hominum conversa figuras.

APOLLO AND DAPHNE

Met. I. 452–567

Primus amor Phoebi Daphne Peneia, quem non
fors ignara dedit, sed saeva Cupidinis ira,
Delius hunc nuper, victa serpente superbus,
viderat adducto flectentem cornua nervo
"quid" que "tibi, lascive puer, cum fortibus armis?"
dixerat: "ista decent umeros gestamina nostros,
qui dare certa ferae, dare vulnera possumus hosti,
qui modo pestifero tot iugera ventre prementem
stravimus innumeris tumidum Pythona sagittis.
tu face nescio quos esto contentus amores
inritare tua, nec laudes adsere nostras!"
filius huic Veneris "figat tuus omnia, Phoebe,
te meus arcus" ait; "quantoque animalia cedunt
cuncta deo, tanto minor est tua gloria nostra."
dixit et eliso percussis aere pennis
inpiger umbrosa Parnasi constitit arce
eque sagittifera prompsit duo tela pharetra
diversorum operum: fugat hoc, facit illud amorem;
quod facit, auratum est et cuspide fulget acuta,
quod fugat, obtusum est et habet sub harundine plumbum.

hoc deus in nympha Peneide fixit, at illo
laesit Apollineas traiecta per ossa medullas;
protinus alter amat, fugit altera nomen amantis
silvarum latebris captivarumque ferarum
exuviis gaudens innuptaeque aemula Phoebes:
vitta coercebat positos sine lege capillos.
multi illam petiere, illa aversata petentes
inpatiens expersque viri nemora avia lustrat
nec, quid Hymen, quid Amor, quid sint conubia curat.
saepe pater dixit: "generum mihi, filia, debes,"
saepe pater dixit: "debes mihi, nata, nepotes";
illa velut crimen taedas exosa iugales
pulchra verecundo suffuderat ora rubore
inque patris blandis haerens cervice lacertis
"da mihi perpetua, genitor carissime," dixit
"virginitate frui! dedit hoc pater ante Dianae."
ille quidem obsequitur, sed te decor iste quod optas
esse vetat, votoque tuo tua forma repugnat:
Phoebus amat visaeque cupit conubia Daphnes,
quodque cupit, sperat, suaque illum oracula fallunt,
utque leves stipulae demptis adolentur aristis,
ut facibus saepes ardent, quas forte viator

vel nimis admovit vel iam sub luce reliquit,
sic deus in flammas abiit, sic pectore toto
uritur et sterilem sperando nutrit amorem.
spectat inornatos collo pendere capillos
et "quid, si comantur?" ait. videt igne micantes
sideribus similes oculos, videt oscula, quae non
est vidisse satis; laudat digitosque manusque
bracchiaque et nudos media plus parte lacertos;
si qua latent, meliora putat. fugit ocior aura
illa levi neque ad haec revocantis verba resistit:
"nympha, precor, Penei, mane! non insequor hostis;
nympha, mane! sic agna lupum, sic cerva leonem,
sic aquilam penna fugiunt trepidante columbae,
hostes quaeque suos: amor est mihi causa sequendi!
me miserum! ne prona cadas indignave laedi
crura notent sentes et sim tibi causa doloris!
aspera, qua properas, loca sunt: moderatius, oro,
curre fugamque inhibe, moderatius insequar ipse.
cui placeas, inquire tamen: non incola montis,
non ego sum pastor, non hic armenta gregesque
horridus observo. nescis, temeraria, nescis,
quem fugias, ideoque fugis: mihi Delphica tellus

et Claros et Tenedos Patareaque regia servit;
Iuppiter est genitor; per me, quod eritque fuitque
estque, patet; per me concordant carmina nervis.
certa quidem nostra est, nostra tamen una sagitta
certior, in vacuo quae vulnera pectore fecit!
inventum medicina meum est, opiferque per orbem
dicor, et herbarum subiecta potentia nobis.
ei mihi, quod nullis amor est sanabilis herbis
nec prosunt domino, quae prosunt omnibus, artes!"

Plura locuturum timido Peneia cursu
fugit cumque ipso verba inperfecta reliquit,
tum quoque visa decens; nudabant corpora venti,
obviaque adversas vibrabant flamina vestes,
et levis inpulsos retro dabat aura capillos,
auctaque forma fuga est. sed enim non sustinet ultra
perdere blanditias iuvenis deus, utque monebat
ipse Amor, admisso sequitur vestigia passu.
ut canis in vacuo leporem cum Gallicus arvo
vidit, et hic praedam pedibus petit, ille salutem;
alter inhaesuro similis iam iamque tenere
sperat et extento stringit vestigia rostro,
alter in ambiguo est, an sit conprensus, et ipsis

morsibus eripitur tangentiaque ora relinquit:
sic deus et virgo est hic spe celer, illa timore.
qui tamen insequitur pennis adiutus Amoris,
ocior est requiemque negat tergoque fugacis
inminet et crinem sparsum cervicibus adflat.
viribus absumptis expalluit illa citaeque
victa labore fugae spectans Peneidas undas
"fer, pater," inquit "opem! si flumina numen habetis,
qua nimium placui, mutando perde figuram!"
vix prece finita torpor gravis occupat artus,
mollia cinguntur tenui praecordia libro,
in frondem crines, in ramos bracchia crescunt,
pes modo tam velox pigris radicibus haeret,
ora cacumen habet: remanet nitor unus in illa.

Hanc quoque Phoebus amat positaque in stipite dextra
sentit adhuc trepidare novo sub cortice pectus
conplexusque suis ramos ut membra lacertis
oscula dat ligno; refugit tamen oscula lignum.
cui deus "at, quoniam coniunx mea non potes esse,
arbor eris certe" dixit "mea! semper habebunt
te coma, te citharae, te nostrae, laure, pharetrae;
tu ducibus Latiis aderis, cum laeta Triumphum

vox canet et visent longas Capitolia pompas;
postibus Augustis eadem fidissima custos
ante fores stabis mediamque tuebere quercum,
utque meum intonsis caput est iuvenale capillis,
tu quoque perpetuos semper gere frondis honores!"
finierat Paean: factis modo laurea ramis
adnuit utque caput visa est agitasse cacumen.

PYRAMUS AND THISBE
Met. IV. 55–166

“Pyramus et Thisbe, iuvenum pulcherrimus alter,
altera, quas Oriens habuit, praelata puellis,
contiguas tenuere domos, ubi dicitur altam
coctilibus muris cinxisse Semiramis urbem.
notitiam primosque gradus vicinia fecit,
tempore crevit amor; taedae quoque iure coissent,
sed vetuere patres; quod non potuere vetare,
ex aequo captis ardebant mentibus ambo.
conscius omnis abest, nutu signisque loquuntur,
quoque magis tegitur, tectus magis aestuat ignis.
fissus erat tenui rima, quam duxerat olim,
cum fieret, paries domui communis utrique.
id vitium nulli per saecula longa notatum—
quid non sentit amor?—primi vidistis amantes
et vocis fecistis iter, tutaeque per illud
murmure blanditiae minimo transire solebant.
saepe, ubi constiterant hinc Thisbe, Pyramus illinc,
inque vices fuerat captatus anhelitus oris,
‘invide’ dicebant ‘paries, quid amantibus obstas?
quantum erat, ut sineres toto nos corpore iungi,

aut, hoc si nimium est, vel ad oscula danda pateres?
nec sumus ingrati: tibi nos debere fatemur,
quod datus est verbis ad amicas transitus auris.'
talia diversa nequiquam sede locuti
sub noctem dixere 'vale' partique dedere
oscula quisque suae non pervenientia contra.
postera nocturnos Aurora removerat ignes,
solque pruinosas radiis siccaverat herbas:
ad solitum coiere locum. tum murmure parvo
multa prius questi statuunt, ut nocte silenti
fallere custodes foribusque excedere temptent,
cumque domo exierint, urbis quoque tecta relinquant,
neve sit errandum lato spatiantibus arvo,
conveniant ad busta Nini lateantque sub umbra
arboris: arbor ibi niveis uberrima pomis,
ardua morus, erat, gelido contermina fonti.
pacta placent; et lux, tarde discedere visa,
praecipitatur aquis, et aquis nox exit ab isdem.
"Callida per tenebras versato cardine Thisbe
egreditur fallitque suos adopertaque vultum
pervenit ad tumulum dictaque sub arbore sedit.
audacem faciebat amor. venit ecce recenti

caede leaena boum spumantis oblita rictus,
depositura sitim vicini fontis in unda;
quam procul ad lunae radios Babylonia Thisbe
vidit et obscurum timido pede fugit in antrum,
dumque fugit, tergo velamina lapsa reliquit.
ut lea saeva sitim multa conpescuit unda,
dum redit in silvas, inventos forte sine ipsa
ore cruentato tenues laniavit amictus.
serius egressus vestigia vidit in alto
pulvere certa ferae totoque expalluit ore
Pyramus; ut vero vestem quoque sanguine tinctam
repperit, 'una duos' inquit 'nox perdet amantes,
e quibus illa fuit longa dignissima vita;
nostra nocens anima est. ego te, miseranda, peremi,
in loca plena metus qui iussi nocte venires
nec prior huc veni. nostrum divellite corpus
et scelerata fero consumite viscera morsu,
o quicumque sub hac habitatis rupe leones!
sed timidi est optare necem.' velamina Thisbes
tollit et ad pactae secum fert arboris umbram,
utque dedit notae lacrimas, dedit oscula vesti,
'accipe nunc' inquit 'nostri quoque sanguinis haustus!'

quoque erat accinctus, demisit in ilia ferrum,
nec mora, ferventi moriens e vulnere traxit.
ut iacuit resupinus humo, cruor emicat alte,
non aliter quam cum vitiato fistula plumbo
scinditur et tenui stridente foramine longas
eiaculatur aquas atque ictibus aera rumpit.
arborei fetus adspergine caedis in atram
vertuntur faciem, madefactaque sanguine radix
purpureo tinguit pendentia mora colore.

"Ecce metu nondum posito, ne fallat amantem,
illa redit iuvenemque oculis animoque requirit,
quantaque vitarit narrare pericula gestit;
utque locum et visa cognoscit in arbore formam,
sic facit incertam pomi color: haeret, an haec sit.
dum dubitat, tremebunda videt pulsare cruentum
membra solum, retroque pedem tulit, oraque buxo
pallidiora gerens exhorruit aequoris instar,
quod tremit, exigua cum summum stringitur aura.
sed postquam remorata suos cognovit amores,
percutit indignos claro plangore lacertos
et laniata comas amplexaque corpus amatum
vulnera supplevit lacrimis fletumque cruori

miscuit et gelidis in vultibus oscula figens
'Pyrame,' clamavit, 'quis te mihi casus ademit?
Pyrame, responde! tua te carissima Thisbe
nominat; exaudi vultusque attolle iacentes!'
ad nomen Thisbes oculos a morte gravatos
Pyramus erexit visaque recondidit illa.
"Quae postquam vestemque suam cognovit et ense
vidit ebur vacuum, 'tua te manus' inquit 'amorque
perdidit, infelix! est et mihi fortis in unum
hoc manus, est et amor: dabit hic in vulnera vires.
persequar extinctum letique miserrima dicar
causa comesque tui: quique a me morte revelli
heu sola poteras, poteris nec morte revelli.
hoc tamen amborum verbis estote rogati,
o multum miseri meus illiusque parentes,
ut, quos certus amor, quos hora novissima iunxit,
conponi tumulo non invideatis eodem;
at tu, quae ramis arbor miserabile corpus
nunc tegis unius, mox es tectura duorum,
signa tene caedis pullosque et luctibus aptos
semper habe fetus, gemini monimenta cruoris.'
dixit et aptato pectus mucrone sub imum

incubuit ferro, quod adhuc a caede tepebat.
vota tamen tetigere deos, tetigere parentes:
nam color in pomo est, ubi permaturuit, ater,
quodque rogis superest, una requiescit in urna."

DAEDALUS AND ICARUS
Met. VIII. 183–235

Daedalus interea Creten longumque perosus
exilium tactusque loci natalis amore
clausus erat pelago. “terras licet” inquit “et undas
obstruat: et caelum certe patet; ibimus illac:
omnia possideat, non possidet aera Minos.”
dixit et ignotas animum dimittit in artes
naturamque novat. nam ponit in ordine pennas
a minima coeptas, longam breviore sequenti,
ut clivo crevisse putes: sic rustica quondam
fistula disparibus paulatim surgit avenis;
tum lino medias et ceris alligat imas
atque ita conpositas parvo curvamine flectit,
ut veras imitetur aves. puer Icarus una
stabat et, ignarus sua se tractare pericla,
ore renidenti modo, quas vaga moverat aura,
captabat plumas, flavam modo pollice ceram
mollibat lusuque suo mirabile patris
impediebat opus. postquam manus ultima coepto
inposita est, geminas opifex libravit in alas
ipse suum corpus motaque pependit in aura;

instruit et natum "medio" que "ut limite curras,
Icare," ait "moneo, ne, si demissior ibis,
unda gravet pennas, si celsior, ignis adurat:
inter utrumque vola. nec te spectare Booten
aut Helicen iubeo strictumque Orionis ensem:
me duce carpe viam!" pariter praecepta volandi
tradit et ignotas umeris accommodat alas.
inter opus monitusque genae maduere seniles,
et patriae tremuere manus; dedit oscula nato
non iterum repetenda suo pennisque levatus
ante volat comitique timet, velut ales, ab alto
quae teneram prolem produxit in aera nido,
hortaturque sequi damnosasque erudit artes
et movet ipse suas et nati respicit alas.
hos aliquis tremula dum captat harundine pisces,
aut pastor baculo stivave innixus arator
vidit et obstipuit, quique aethera carpere possent,
credidit esse deos. et iam Iunonia laeva
parte Samos (fuerant Delosque Parosque relictae)
dextra Lebinthos erat fecundaque melle Calymne,
cum puer audaci coepit gaudere volatu
deseruitque ducem caelique cupidine tractus

altius egit iter. rapidi vicinia solis
mollit odoratas, pennarum vincula, ceras;
tabuerant cerae: nudos quatit ille lacertos,
remigioque carens non ullas percipit auras,
oraque caerulea patrium clamantia nomen
excipiuntur aqua, quae nomen traxit ab illo.
at pater infelix, nec iam pater, "Icare," dixit,
"Icare," dixit "ubi es? qua te regione requiram?"
"Icare," dicebat: pennas adspexit in undis
devovitque suas artes corpusque sepulcro
condidit, et tellus a nomine dicta sepulti.

PHILEMON AND BAUCIS

Met. VIII. 616–724

obstipuere omnes nec talia dicta probarunt,
ante omnesque Lelex animo maturus et aevo,
sic ait: "inmensa est finemque potentia caeli
non habet, et quicquid superi voluere, peractum est,
quoque minus dubites, tiliae contermina quercus
collibus est Phrygiis modico circumdata muro;
ipse locum vidi; nam me Pelopeia Pittheus
misit in arva suo quondam regnata parenti.
haud procul hinc stagnum est, tellus habitabilis olim,
nunc celebres mergis fulicisque palustribus undae;
Iuppiter huc specie mortali cumque parente
venit Atlantiades positis caducifer alis.
mille domos adiere locum requiemque petentes,
mille domos clausere serae; tamen una recepit,
parva quidem, stipulis et canna tecta palustri,
sed pia Baucis anus parilique aetate Philemon
illa sunt annis iuncti iuvenalibus, illa
consenuere casa paupertatemque fatendo
effecere levem nec iniqua mente ferendo;
nec refert, dominos illic famulosne requiras:

tota domus duo sunt, idem parentque iubentque.
ergo ubi caelicolae parvos tetigere penates
summissoque humiles intrarunt vertice postes,
membra senex posito iussit relevare sedili;
cui superiniecit textum rude sedula Baucis
inque foco tepidum cinerem dimovit et ignes
suscitat hesternos foliisque et cortice sicco
nutrit et ad flammas anima producit anili
multifidasque faces ramaliaque arida tecto
detulit et minuit parvoque admovit aeno,
quodque suus coniunx riguo conlegerat horto,
truncat holus foliis; furca levat ille bicorni
sordida terga suis nigro pendentia tigno
servatoque diu resecat de tergore partem
exiguam sectamque domat ferventibus undis.
interea medias fallunt sermonibus horas
concutiuntque torum de molli fluminis ulva
inpositum lecto sponda pedibusque salignis.
vestibus hunc velant, quas non nisi tempore festo
sternere consuerant, sed et haec vilisque vetusque
vestis erat, lecto non indignanda saligno.
adcubuere dei. mensam succincta tremensque

ponit anus, mensae sed erat pes tertius inpar:
testa parem fecit; quae postquam subdita clivum
sustulit, aequatam mentae tersere virentes.
ponitur hic bicolor sincerae baca Minervae
conditaque in liquida corna autumnalia faece
intibaque et radix et lactis massa coacti
ovaque non acri leviter versata favilla,
omnia fictilibus. post haec caelatus eodem
sistitur argento crater fabricataque fago
pocula, qua cava sunt, flaventibus inlita ceris;
parva mora est, epulasque foci misere calentes,
nec longae rursus referuntur vina senectae
dantque locum mensis paulum seducta secundis:
hic nux, hic mixta est rugosis carica palmis
prunaque et in patulis redolentia mala canistris
et de purpureis conlectae vitibus uvae,
candidus in medio favus est; super omnia vultus
accessere boni nec iners pauperque voluntas.
"Interea totiens haustum cratera repleri
sponte sua per seque vident succrescere vina:
attoniti novitate pavent manibusque supinis
concipiunt Baucisque preces timidusque Philemon

et veniam dapibus nullisque paratibus orant.
unicus anser erat, minimae custodia villae:
quem dis hospitibus domini mactare parabant;
ille celer penna tardos aetate fatigat
eluditque diu tandemque est visus ad ipsos
confugisse deos: superi vetuere necari
'di' que 'sumus, meritasque luet vicinia poenas
inpia' dixerunt; 'vobis inmunibus huius
esse mali dabitur; modo vestra relinquite tecta
ac nostros comitate gradus et in ardua montis
ite simul!' parent ambo baculisque levati
nituntur longo vestigia ponere clivo.
tantum aberant summo, quantum semel ire sagitta
missa potest: flexere oculos et mersa palude
cetera prospiciunt, tantum sua tecta manere,
dumque ea mirantur, dum deflent fata suorum,
illa vetus dominis etiam casa parva duobus
vertitur in templum: furcas subiere columnae,
stramina flavescunt aurataque tecta videntur
caelataeque fores adopertaque marmore tellus.
talia tum placido Saturnius edidit ore:
'dicite, iuste senex et femina coniuge iusto

digna, quid optetis.' cum Baucide pauca locutus
iudicium superis aperit commune Philemon:
'esse sacerdotes delubraque vestra tueri
poscimus, et quoniam concordes egimus annos,
auferat hora duos eadem, nec coniugis umquam
busta meae videam, neu sim tumulandus ab illa.'
vota fides sequitur: templi tutela fuere,
donec vita data est; annis aevoque soluti
ante gradus sacros cum starent forte locique
narrarent casus, frondere Philemona Baucis,
Baucida conspexit senior frondere Philemon.
iamque super geminos crescente cacumine vultus
mutua, dum licuit, reddebant dicta 'vale' que
'o coniunx' dixere simul, simul abdita texit
ora frutex: ostendit adhuc Thyneius illic
incola de gemino vicinos corpore truncos.
haec mihi non vani (neque erat, cur fallere vellent)
narravere senes; equidem pendentia vidi
serta super ramos ponensque recentia dixi
'cura deum di sint, et, qui coluere, colantur.'"

ORPHEUS AND EURYDICE

Met. X. 1–85

Inde per inmensum croceo velatus amictu
aethera digreditur Ciconumque Hymenaeus ad oras
tendit et Orphea nequiquam voce vocatur.
adfuit ille quidem, sed nec sollemnia verba
nec laetos vultus nec felix attulit omen.
fax quoque, quam tenuit, lacrimoso stridula fumo
usque fuit nullosque invenit motibus ignes.
exitus auspicio gravior: nam nupta per herbas
dum nova naiadum turba comitata vagatur,
occidit in talum serpentis dente recepto.
quam satis ad superas postquam Rhodopeius auras
deflevit vates, ne non temptaret et umbras,
ad Styga Taenaria est ausus descendere porta
perque leves populos simulacraque functa sepulcro
Persephonen adiit inamoenaque regna tenentem
umbrarum dominum pulsisque ad carmina nervis
sic ait: 'o positi sub terra numina mundi,
in quem reccidimus, quicquid mortale creamur,
si licet et falsi positis ambagibus oris
vera loqui sinitis, non huc, ut opaca viderem

Tartara, descendi, nec uti villosa colubris
terna Medusaei vincirem guttura monstri:
causa viae est coniunx, in quam calcata venenum
vipera diffudit crescentesque abstulit annos.
posse pati volui nec me temptasse negabo:
vicit Amor. supera deus hic bene notus in ora est;
an sit et hic, dubito: sed et hic tamen auguror esse,
famaque si veteris non est mentita rapinae,
vos quoque iunxit Amor. per ego haec loca plena timoris,
per Chaos hoc ingens vastique silentia regni,
Eurydices, oro, properata retexite fata.
omnia debemur vobis, paulumque morati
serius aut citius sedem properamus ad unam.
tendimus huc omnes, haec est domus ultima, vosque
humani generis longissima regna tenetis.
haec quoque, cum iustos matura peregerit annos,
iuris erit vestri: pro munere poscimus usum;
quodsi fata negant veniam pro coniuge, certum est
nolle redire mihi: leto gaudete duorum.'
   Talia dicentem nervosque ad verba moventem
exsangues flebant animae; nec Tantalus undam
captavit refugam, stupuitque Ixionis orbis,

nec carpsere iecur volucres, urnisque vacarunt
Belides, inque tuo sedisti, Sisyphe, saxo.
tunc primum lacrimis victarum carmine fama est
Eumenidum maduisse genas, nec regia coniunx
sustinet oranti nec, qui regit ima, negare,
Eurydicenque vocant: umbras erat illa recentes
inter et incessit passu de vulnere tardo.
hanc simul et legem Rhodopeius accipit heros,
ne flectat retro sua lumina, donec Avernas
exierit valles; aut inrita dona futura.
carpitur adclivis per muta silentia trames,
arduus, obscurus, caligine densus opaca,
nec procul afuerunt telluris margine summae:
hic, ne deficeret, metuens avidusque videndi
flexit amans oculos, et protinus illa relapsa est,
bracchiaque intendens prendique et prendere certans
nil nisi cedentes infelix arripit auras.
iamque iterum moriens non est de coniuge quicquam
questa suo (quid enim nisi se quereretur amatam?)
supremumque 'vale,' quod iam vix auribus ille
acciperet, dixit revolutaque rursus eodem est.

Non aliter stupuit gemina nece coniugis Orpheus,

quam tria qui timidus, medio portante catenas,
colla canis vidit, quem non pavor ante reliquit,
quam natura prior saxo per corpus oborto,
quique in se crimen traxit voluitque videri
Olenos esse nocens, tuque, o confisa figurae,
infelix Lethaea, tuae, iunctissima quondam
pectora, nunc lapides, quos umida sustinet Ide.
orantem frustraque iterum transire volentem
portitor arcuerat: septem tamen ille diebus
squalidus in ripa Cereris sine munere sedit;
cura dolorque animi lacrimaeque alimenta fuere.
esse deos Erebi crudeles questus, in altam
se recipit Rhodopen pulsumque aquilonibus Haemum.
    Tertius aequoreis inclusum Piscibus annum
finierat Titan, omnemque refugerat Orpheus
femineam Venerem, seu quod male cesserat illi,
sive fidem dederat; multas tamen ardor habebat
iungere se vati, multae doluere repulsae.
ille etiam Thracum populis fuit auctor amorem
in teneros transferre mares citraque iuventam
aetatis breve ver et primos carpere flores.

PYGMALION

Met. X. 238–97

"Sunt tamen obscenae Venerem Propoetides ausae
esse negare deam; pro quo sua numinis ira
corpora cum fama primae vulgasse feruntur,
utque pudor cessit, sanguisque induruit oris,
in rigidum parvo silicem discrimine versae.

"Quas quia Pygmalion aevum per crimen agentis
viderat, offensus vitiis, quae plurima menti
femineae natura dedit, sine coniuge caelebs
vivebat thalamique diu consorte carebat.
interea niveum mira feliciter arte
sculpsit ebur formamque dedit, qua femina nasci
nulla potest, operisque sui concepit amorem.
virginis est verae facies, quam vivere credas,
et, si non obstet reverentia, velle moveri:
ars adeo latet arte sua. miratur et haurit
pectore Pygmalion simulati corporis ignes.
saepe manus operi temptantes admovet, an sit
corpus an illud ebur, nec adhuc ebur esse fatetur.
oscula dat reddique putat loquiturque tenetque

et credit tactis digitos insidere membris
et metuit, pressos veniat ne livor in artus,
et modo blanditias adhibet, modo grata puellis
munera fert illi conchas teretesque lapillos
et parvas volucres et flores mille colorum
liliaque pictasque pilas et ab arbore lapsas
Heliadum lacrimas; ornat quoque vestibus artus,
dat digitis gemmas, dat longa monilia collo,
aure leves bacae, redimicula pectore pendent:
cuncta decent; nec nuda minus formosa videtur.
conlocat hanc stratis concha Sidonide tinctis
adpellatque tori sociam adclinataque colla
mollibus in plumis, tamquam sensura, reponit.
"Festa dies Veneris tota celeberrima Cypro
venerat, et pandis inductae cornibus aurum
conciderant ictae nivea cervice iuvencae,
turaque fumabant, cum munere functus ad aras
constitit et timide 'si, di, dare cuncta potestis,
sit coniunx, opto,' non ausus 'eburnea virgo'
dicere Pygmalion 'similis mea' dixit 'eburnae.'
sensit, ut ipsa suis aderat Venus aurea festis,
vota quid illa velint et, amici numinis omen,

flamma ter accensa est apicemque per aera duxit.
ut rediit, simulacra suae petit ille puellae
incumbensque toro dedit oscula: visa tepere est;
admovet os iterum, manibus quoque pectora temptat:
temptatum mollescit ebur positoque rigore
subsidit digitis ceditque, ut Hymettia sole
cera remollescit tractataque pollice multas
flectitur in facies ipsoque fit utilis usu.
dum stupet et dubie gaudet fallique veretur,
rursus amans rursusque manu sua vota retractat.
corpus erat! saliunt temptatae pollice venae.
tum vero Paphius plenissima concipit heros
verba, quibus Veneri grates agat, oraque tandem
ore suo non falsa premit dataque oscula virgo
sensit et erubuit timidumque ad lumina lumen
attollens pariter cum caelo vidit amantem.
coniugio, quod fecit, adest dea, iamque coactis
cornibus in plenum noviens lunaribus orbem
illa Paphon genuit, de qua tenet insula nomen."

TRANSLATIONS OF THE PASSAGES

AMORES I. 1

I was preparing to sing of weapons and violent wars in weighty rhythm, with material suitable for the meter. The second verse was equal; Cupid is said to have laughed and even to have stolen one foot. (5) "Who, oh savage boy, gave you this right over poetry? We poets are the troop of the Pierian Muses, not you. What if Venus were to snatch away the weapons of yellow-haired Minerva, what if yellow-haired Minerva were to fan the lighted torches? (9) Who would approve that Ceres govern in the mountainous forests, that the fields be cultivated by the rule of the maiden wearing the quiver? Who would outfit Phoebus, remarkable for his hair, with the pointed spear, were Mars to play the Aonian lyre? You have great and exceedingly powerful kingdoms. Why do you, ambitious one, strive after a new job? (15) Or rather, is that which is everywhere yours? Are the Heliconian valleys yours? Likewise, is his lyre hardly safe for Phoebus now? When a new page has risen up well in the first verse, that next verse weakens my strings. And I do not have material suited to the lighter rhythms, neither a boy nor a girl adorned with long hair." (21) I had made my complaint when suddenly he, with quiver undone, selected an arrow designed for my ruin and with great force bent the pliant bow with his knee and said, "Accept the task which you sing." (25) Oh, wretched me! The boy possessed accurate arrows. I burned, and Love reigns in my unattached breast. For me, let the work rise in six measures, let it fall in five; farewell hard-hearted wars with your rhythms. Bind, oh Muse who must be sung in eleven feet at a time, your golden temples with myrtle from the seashore.

AMORES I. 3

I pray for justice. Let the girl who has recently caught me either love me or reveal why I should love her forever. Ah, I have wished for too much: let her only allow that she be loved, then Cytherea will have heard my many prayers. (5) Accept one who will be devoted to you throughout the long years, accept one who has learned how to love with a pure faithfulness. Even if great names of ancestors of old do not make me attractive, even if the founder of my bloodline is of equestrian rank, and my field be not renewed by countless plows, and each frugal parent moderates my expenditures, yet Phoebus and his nine companions, and the discoverer of the grapevine are on my side, and Love who gives me to you, and faithfulness which will yield to no one, morals without reproach, simple frankness, and blushing modesty [are all on my side too]. (15) Thousands do not please me, I am not a circus rider of love. If faithfulness is something, you will be a lasting concern for me; let it come about to live with you those years which the sisters' threads will have given to me, and to die with you grieving. (19) Offer yourself to me as the fertile material for poetry and poems worthy of their inspiration shall come into being. Io, terrified by her horns, and she whom the adulterer deceived as a river bird, and she who, dragged over the sea by a false young bullock, held onto the bent horns with her maiden hand, all have their name in poetry. We too will be sung about in the same way throughout the whole world and my name will always be joined to yours.

AMORES I. 9

Every lover is a soldier, and Cupid has his own camp; Atticus, believe me, every lover is a soldier. That age that is suitable for war is also suitable for love: an old soldier is a shameful thing, so is an old love. The courage which generals looked for in a brave soldier a beautiful girl looks for in a companionable man. The two keep watch all night, each rests on the ground; the one guards his mistress's doors, the other his general's. (9) The long march is the duty of the soldier: send away his girl, the restless lover will follow with the end having been taken away. He will go into mountains standing in the way and rivers doubled in size by a rainstorm, he will trample on piled up snow, nor will he, about to push on over the straits, plead the swelling east wind or seek out stars suited for passing over the waters. Who, if not the soldier or lover, will endure the cold of night and snows mixed with dense rain showers? The one is sent as a spy into the hostile enemy, the other one holds his eyes on his rival, as though an enemy. (19) The former besieges hard to capture cities, the latter the threshold of his uncaring mistress; this one breaks down city gates, that one doors. Often it was profitable to attack the enemy lying asleep and to slaughter the defenseless masses with an armed band of soldiers. In just such a way did the fierce battle forces of the Thracian Rhesus fall and you, captured horses, left your master. Certainly lovers make use of the sleep of husbands and move their own weapons when the enemy is sleepy. To cross the bands of watchmen and troops of sentries is always the task of the soldier and the wretched lover. (29) Mars is uncertain and Venus is not accurate: the defeated rise again, and those whom you would say could never be overthrown, fall. Therefore whoever used to call love idleness, let him desist: Love is of an active nature. Great Achilles burned for abducted Briseis (Trojans, while it is possible, break the Grecian military strength); Hector used to go to war from the embraces of Andromache, and she who gave the helmet to his head was his wife; the greatest of generals, Atrides, after he had seen Priam's daughter, is said to have been amazed by her loose flowing Maenad's hair. (39) Mars too, having been discovered, felt the chains made by the metalworker: there was no other legend more well-known in the heavens. I myself was inactive and born for easygoing leisure; the couch and the shade made my spirit weak; concern for my beautiful girl urged lazy me onward, and ordered me to earn pay in her camp. And so you see me busy and waging nightly wars. He who will not wish to become idle, let him love.

AMORES I. 11

Nape, skilled in gathering up disarranged hairs and putting them into order, [you who are] not to be held among [ordinary] female slaves and [who] are known to be useful in the duties of the secretive night, and clever at note-giving, [who] often encouraged Corinna to come to me when she was hesitating, [who was] often found faithful to me when I was anxious, accept these tablets which were inscribed this morning and carry them to my mistress and, ever zealous, fend off delays standing in your way. (9) You have neither veins of flint nor hard iron in your chest nor [is your] lack of sophistication greater than [suits] your rank; it is likely that you also have felt Cupid's bow: guard the standards of your military service for me. If she will ask how I am doing, you will say that I live by the hope of nighttime; the wax which has been marked with a seductive hand tells the rest. While I speak, time flies: deliver well [to your mistress] these tablets when she is unoccupied, but nevertheless see that she reads them immediately. I order you to look at her eyes and forehead while she is reading: it is also possible to know what will be from a silent countenance. (19) And so that there be no delay, order that after she has read the tablets through she write back many things: I hate it when the shining wax is widely unfilled. Let her pack densely the lines of writing in rows, and let the letter inscribed in the outside margin delay my eyes. But what is the need for her exhausting her fingers by holding the stylus? Let the whole tablet have this written: 'come.' I would not wait to wreathe the victorious tablets with laurel nor to place them in the middle of Venus's sanctuary. I shall write beneath: NASO DEDICATES THESE ASSISTANTS, FAITHFUL TO HIM, TO VENUS. BUT RECENTLY THEY WERE BASE MAPLE WOOD.

AMORES I. 12

Weep for my misfortune: the sorrowful tablets have returned; the ill-fated letter says she cannot [i.e., is not free] today. Omens *are* [worth] something: just now when she was starting to leave, Nape struck her toe and lingered at the threshold. Remember the next time you are sent out of doors to cross the threshold more carefully and, sober, carry your foot high. (7) Go from here, troublesome tablets, funereal wood, and you, wax crammed with notes that will say no, which, collected from the flower of the tall hemlock, I think the Corsican bee sent underneath the infamous honey. Yet you, as if dyed thoroughly with cinnabar, turned red: that color was truly blood-red. May you lie, thrown down in the crossroads, useless wood, and may the burden of a passing wheel break you. Also, I shall prove that that man who turned you from a tree into a use [i.e., a useful object] did not have pure hands. (17) That tree offered hangings to a wretched neck, it provided dreadful crosses for the executioner; it gave loathsome shade to the harsh-sounding horned-owl, it carried the eggs of the vulture and the screech-owl in its branches. Did I, frenzied, entrust my love to these and did I give gentle words [to these] to be carried to my mistress? These waxes, which some attorney might read with an uncaring mouth, would more suitably capture wordy promises at court appearances; they would lie better among diaries and account books in which the miser might weep over his spent wealth. (27) I have therefore felt you [tablets] to be duplicitous about things on account of your name: your number itself was not good fortune. What shall I, angered, pray for, if not that decayed old age may gnaw away at you and that your wax be colorless in foul neglect?

AMORES II. 19

Foolish man, if you have no need to guard your girl, at least guard her for me, so that I may desire her more. What is allowed is not pleasing; what is not allowed, burns more fiercely: a man is made of iron if he loves what another man allows. Let us lovers hope at the same time and hate at the same time, and let the occasional refusal make a place for desire. Of what use to me is a fortune which never deceives? I love nothing that never hurts at any time! (9) Shrewd Corinna has seen this fault in me, clever girl, she knows the trick by which I can be captured. Ah, how often having pretended to have a headache has she ordered me as I lingered with slow-moving foot to go away! How often has she invented my guilt, as much as was allowed for one who is innocent, and has offered the appearance of being hurtful. Thus when she has tormented me and rekindled lukewarm fires, she is again loving and suitable for my desires. What flatteries, how many sweet words she used to prepare. Great gods, the kinds and numbers of kisses she used to give! (19) You also, who have lately ravaged my eyes, pretending, fear treacheries, often refuse my pleas, and allow me, lying prone before your door on the threshold, to endure frosty chills for a long night. Thus my love endures and grows in the long years, this delights, these are the nourishments of my soul. A fat and too open love changes to tediousness for me, and like sweet food it hurts the stomach. (27) If the bronze tower had never held Danae, she would not have been made a mother by Jupiter. While Juno guarded Io, changed by her horns, she was made more pleasing to Jove. Let whoever desires what is allowed and is easy, pluck leaves from a tree and drink water from a great river. If any girl wants to rule for a long time, let her deceive her lover. (Woe is me, may I not be tormented by my own advice.) Let whatever she wishes happen, gentleness injures me: What follows me, I flee, what flees, I pursue. (37) But you, far too little careful of your beautiful girl, begin now to close tight your door at twilight; begin to ask who secretly knocks at your door so often, why the dogs are barking in the silent night, what kind of tablets the clever maid carries to and fro, why your girl so often sleeps in an empty bed alone. Let that kind of worry at last gnaw at your bones, and provide a place and material for my treacheries. He who can love the wife of a fool is capable of stealing sand from an empty shore. I am warning you ahead of time; if you don't begin to guard your girl, she will begin to cease to be mine. I have endured much, and I've often hoped that when you guarded her well, so I would deceive well. You are slow, and you endure what a husband should not, but there will be an end for me of love that is permitted. Am I to be unfortunate and never be forbidden to come? Will there always be a night of love for me with no one avenging it? Will I fear nothing? Will I always drag out no sighs of love throughout my sleep? Will you do nothing for which I should justly wish you dead? What's in it for me with an easy, a pimping husband? He spoils my pleasure with his moral failing. Why don't you seek another who would rejoice in such great tolerance? If you want me to be your rival, forbid me.

AMORES III. 12

What was that day on which you, blackbirds, sang curses always unfriendly to a lover? Or what star should I think blocks the path of my fates, or what gods should I complain move war against me? She who lately was called mine, whom I undertook to love alone must now, I fear, be held by me with many (lovers). Am I deceived or has she become famous through my books? Thus it will be; she offers herself for hire because of my art. Deservedly: for what have I made her beauty public? My girl has been made saleable through my fault. She pleases with me as her pimp, a lover has been brought with me as the leader, her door has been opened wide through my hands. It is doubtful whether my poems are useful; certainly they have been injurious: there has been envy because of my good poems. (15) Although there was Thebes, although there was Troy; although there were the deeds of Caesar, Corinna alone moved my art. I wish that I had undertaken my poems with the Muses turned away, and that Apollo had abandoned the work I began. However it is not the custom to hear poets as witnesses: I had preferred that the weight of authority be absent from my words. (21) Through us, did Scylla, having stolen the dear locks from her father, conceal rabid dogs in her pubic area and groin. We gave wings to feet and snakes to hair, and the victor Perseus was carried by the winged horse. Too, we stretched Tityos across the great space, and we made the three mouths of the viperous dog; we created Enceladon hurling javelins with his thousand arms, and the men seized by the voice of the two-sided maidens. We shut the Aeolian East winds in leather bags of Ithaca and the traitor Tantalus thirsts in the middle of a river. We made Niobe a rock and made a bear from a maiden, and the bird of Athens sing of Thracian Itys. Either Jupiter transforms himself into birds or gold or as a bull cuts the waters with a maiden on his (back). Why should I tell of Proteus and the Theban seeds, the teeth, that there were bulls who spewed out flames from their mouth or, charioteer, of your sisters who wept tears of amber on their cheeks, or of the goddesses of the sea who had been ships, and the unlucky day at the frenzied tables of Atreus, and hard rocks that followed the plucked lyre? (41) The abundant lack of restraint of poets goes out in infinite space; their words are not tied with history's truth. My woman ought to be seen as falsely praised; your credulity is injurious to me.

AMORES III. 15

Seek a new poet, mother of tender Love poems. The final goal post is grazed by my elegies which I, a product of the Paelignian countryside, have composed (and my delights have not dishonored me) and if this is worth anything, [I am] an ancient heir of my class all the way from my forefathers of old, not just recently made an equestrian by the whirlwind of military service. Mantua rejoices in its Vergil, Verona in its Catullus; I shall be called the glory of the Paelignian race, whom their own liberty had forced [to bear] honorable arms, when troubled Rome feared their fellow forces. (11) And some visitor looking upon the walls of watery Sulmo, which hold but a few acres of field, will say, "You who have been able to bear so great a poet, however small you are, I shall call you great." Oh revered boy and Amathusian parent of the elegant boy, pull up your golden standards from my camp. Horned Bacchus has rattled with a heavier thyrsus; a larger ground must be beaten by the great horses. Farewell, elegies unfit for war, [farewell] oh festive Muse, [farewell] my surviving work which will remain after my death.

CREATION

Met. I. 1–88

My mind has brought (me) to speak of forms changed into new bodies: gods, aid my beginnings, for you also have changed yourselves and them, and spin out an everlasting song from the first origin of the world to my time.

(5) Before the sea and lands and the sky which cover everything, there was one face in the whole globe of nature which they called chaos: a crude and disorderly mass, and nothing except a feeble weight and things piled up in the same place and discordant seeds of things not well joined together. No Titan was yet offering lights to the world, no Phoebe restored its new horns by growing, nor did the earth hang in the enveloping air held suspended by its own weights, nor had Amphitrite extended her arms over the long margin of the lands. While there was both land there and sea and air, the earth could not be stood upon, the sea was unswimmable, and the air was without light; (nothing retained its own shape) its own shape remained for nothing, one thing blocked the path of others, because in one body cold fought with hot things; wet things with dry things, soft things with hard, things having weight fought with those without weight.

(21) A god and a better nature broke up this dispute, for he separated the lands from the sky and cut off the waters from the lands and isolated the fluid sky from the dense air. After he freed these things from the blind mass, with a harmonious peace he tied together in their places the disunited elements. The fiery force of the convex sky without weight sprung up and made a place for itself in the highest pinnacle; the air was next to that in lightness and in place; the earth was heavier than these and pulled the massive elements and was pressed down by its own weight; the water that flowed around took over last places and enclosed the solid world.

(32) And so, when whoever it was of the gods had severed the distributed mass and forced the cut-up mass into parts, first so that it might not be uneven in each part, he gathered the earth into the appearance of a large globe, and then he ordered the seas to be spread out and to swell up from the swift-moving winds and to surround the shores of

the encircled earth; and he added springs and great pools and lakes and he girded the falling rivers with slanting banks, rivers which are separate in places and are in part drunk up by the earth itself and in part arrive at the sea and received by the expanse of freer water strike shores instead of banks. And he ordered that the fields be stretched out and the valleys give way, that the woods be covered with leaf, the stony mountains rise up, and as two zones on the right and the same number on the left split up the sky, the fifth is hotter than these, so the care of the god marked by the same number the burden enclosed (the earth) and the same number of regions are covered on the earth. Of these the middle region is not habitable because of the heat. Deep snow covered the other two, and he located two between each and gave them a mild climate, fire mixed with cold. The air hangs poised over these, which by as much the weight of water is lighter than the weight of earth, by so much is it heavier than fire. Here he ordered mists and there the clouds to settle and thunder to move human minds and winds making lightning with thunderbolts.

(57) The maker of the world also did not allow the air to be held scattered about by these; now there is hardly any stopping them from mangling the world, since each one rules his winds in a different tract; so great is the discord of brothers. Eurus withdrew to the dawn and the regions of northern Arabia and the Persian mountain heights beneath the morning rays; the west and the shores which grow warm by the setting sun are nearest to Zephyrus; dreadful Boreas invaded Scythia and the seven oxen; the opposing land grows wet with constant clouds and rain from the south. Over these he placed the air, liquid and lacking weight and not having anything of earthly dregs.

(69) Scarcely had he separated off everything with precise limits when the stars, which had been pressed down by a blind darkness, began to seethe in the whole sky; and so that no region would be destitute of its own living beings, the stars and forms of the gods held the celestial soil, and waters were yielded to the shining fish for living, the earth took the wild animals, the air the mobile birds.

(76) For these a holier animal and more capable of a deep mind was needed at this point and one that would be able to be master over the rest: man was born, whether the maker of things made him from divine seed, the origin of a better world, or whether the new earth

lately moved away from the high air retained the seeds of the sky to which it was kindred.

(82) This the son of Iapetus fashioned mixed with rain waters into the shape of the gods who control everything, and although the rest of the animals are prone and look at the earth, he gave a face to man directed upward and ordered him to look at the sky and to raise his face toward the stars: thus, the earth, which had been crude and without form, changed and clothed itself in the unknown shapes of men.

APOLLO AND DAPHNE

Met. I. 452–567

The first love of Phoebus Apollo was Peneus's daughter Daphne, whom blind chance did not give [to him], but Cupid's savage wrath. Delian Apollo, arrogant because he had defeated the serpent, had recently seen Cupid bending his bow with taut string and had said, "Oh mischievous boy, what do you want with powerful weapons? Those burdens of yours are more appropriate for my shoulders. It is I who can give sure wounds to wild creatures and to an enemy. It is I who has just now with innumerable arrows laid low the swollen Python covering so many acres with his pestilential belly. Be content to arouse little love affairs with your torch and do not lay claim to my glories!"

(463) Venus's son replied to him, "Let your bow, Phoebus, pierce all other things, my bow [shall pierce] you. And by however much all animals are inferior to a god, by just so much is your glory lesser than mine." He spoke, and, his beating wings having driven the air before him, the tireless boy took up a position on the shady summit of Parnassos and drew two weapons from his arrow-bearing quiver, [each] of distinct tasks: one repels, the other inspires love; the one that inspires is golden and glistens with a sharp point, the one that repels [love] is blunt and has lead under its shaft. This one the god lodged in Peneus's maiden daughter, but with that other one he injured Apollo's marrow through his pierced bone.

(473) Immediately one falls in love; the other flees the name of lover rejoicing as a female companion of Diana in the hiding places of the forests and in the spoils of hunted animals. A headband bound up her unruly hair. Many men courted her; she, having rejected the suitors, impatient and free from a husband, roams about in wooded groves, and does not care what weddings, love-making, or marriage are. Her father often said: "You owe me a son-in-law, daughter"; often he said: "You, daughter, owe me grandsons." She, hating the marriage torch as if it were an evil thing, colored her beautiful face with a modest redness and, clinging onto her father's neck with caressing arms, said: "Allow me, dearest father, to enjoy everlasting maidenhood! This Diana's father once gave to her." He, it is true, complies, but your good looks forbid you to be what you desire, and your beauty fights against your prayer.

(490) Phoebus falls in love and having seen her, desires rights of marriage with Daphne, and what he wishes for, he expects, and his own oracular powers fail him, and just as the light stubble is burned when the harvest has been taken away, just as hedges burn because of torches that some traveler by chance has either moved too close or has left behind at dawn, in like manner did the god change into flames, in like manner he is inflamed with passion in the whole of his heart and he fosters a futile love by hoping.

(497) He observes that her unarranged hair falls on her neck and says, "What if it were arranged?" He sees her eyes glistening with fire like the stars; he sees her lips which it is not enough to have seen; he praises her fingers and her hands and her forearms and her upper arms more than half naked; if any parts are hiding, he imagines them to be better. She flees faster than a light breeze and does not stop for these words of him who is calling: "Oh Peneus's maiden, I implore you, stay! I am not an enemy who pursues you. (504) Maiden, stay! In like manner the lamb flees from the wolf, the deer from the lion, doves, on quivering wing, from the eagle, how each one flees his enemy: love is the reason for my following! Oh, wretched me! May you not fall down headlong nor brambles scratch your shin, unworthy of being injured, and may I not be the cause of your pain! The plains where you hasten are wild: I beg you, run with more moderation and check this flight. I myself will pursue you more moderately. Nevertheless, ask who it is whom you please: I am not an inhabitant of the mountain, (513) I am not a shepherd, I am not rough in manner, one who watches over herds and flocks hereabouts. You do not know, reckless girl, you do not know from whom you flee, and for that reason you flee: the Delphic land and Claros and Tenedos and the Patarean palace serve me; Jupiter is my father; through me what will be and was and is, is revealed; through me do songs harmonize with the strings. My arrow is indeed accurate; nevertheless, one arrow, which has made wounds in my unattached breast, is more accurate than mine! Medicine is my discovery; throughout the world I am called the aid-bringer, and the power of plants has been put under my control by me. Woe to me because love is curable by no plants and those arts, which benefit all others, are useless to their master!"

(525) Peneian Daphne fled in fearful running [the god who was] about to say many things and left his unfinished words behind with him; then too did she seem attractive; the winds exposed her body, and the opposing breezes fluttered her clothing which stood in the way, and the light breeze was causing her blown hair to go backwards, and her beauty was increased by her flight.

(530) But truly the young god does not endure to waste his charms beyond that point, and as Cupid himself was advising him, he follows her footsteps with his steps having been given full reign [at full speed]. Just as when the Gallic hound sees a hare in an empty field, he seeks his prey with his feet and the hare seeks safety; and now, now the one [i.e., the hound], similar to one who is about to grasp, hopes to catch [the hare] and grazes the soles of her feet with his muzzle thrust forward, the other one [i.e., the hare] is uncertain whether it be caught or not, and snatches itself away from the very bites and leaves behind the mouth just touching it: thus are the god and maiden, he, swift from hope, she, from fear.

(540) Nevertheless, he who follows, helped by the wings of love, is swifter and denies [himself] rest and presses closely on the back of her who is fleeing and breathes onto her hair [which is] scattered over her neck. Her strength used up, she turned pale and, defeated by the task of rapid flight, looking upon her father's waters says, "Bring me help, father! If your rivers have divine power, destroy by transforming the beauty by which I have pleased too much!" Her prayer hardly finished, a heavy numbness seizes her limbs, her soft breast is wrapped with fine bark, her hair grows into foliage, her forearms into branches, her foot, recently so fast, clings with sluggish roots, a tree top possesses her face: her brilliant beauty alone remains.

(553) This too Phoebus loves and he feels with his right hand placed on the tree trunk a heart throbbing still under the new bark and, having embraced with his own arms the branches, as if they were arms, he gives kisses to the wood: nevertheless the wood recoils from the kisses. To her the god said, "Since you cannot be my wife, you will certainly be my tree! My hair, my lyre, certainly my quiver will always hold you, oh laurel; you will always be present for Roman generals, when the joyful voice sings the Triumph and the Capitoline temples view

the long procession; at the Augustan lintels you will stand as the same most faithful guard before the doors and watch over the oak wreath in between them, and as my head is always youthful with unshorn hair, you too will always bear the everlasting glories of foliage!" Apollo had finished: the laurel, with its recently made branches nodded and she was seen to have shaken her treetop like a head.

PYRAMUS AND THISBE

Met. IV. 55–166

"Pyramus and Thisbe, he the most handsome of youths, she, esteemed more than the girls whom the Orient possessed, had neighboring houses at the spot where Semiramis is said to have girded the high city with walls of baked bricks. Proximity offered the first steps of acquaintance; their love grew in time; marriage torches would then have joined them by law, but their parents forbade it; but what they could not forbid: both burned equally with captured minds. Every accomplice is absent; they speak with a nod and with signs, and the more it is concealed, the greater burns their fire.

(65) "A wall, common to both houses, had been split by a thin crack which had spread long ago, when it [the wall] was made. This defect was found by no one through long ages, but what does love not perceive? You lovers first saw it, and you made a way for your voice, and safely through it, endearments used to pass in a very small whisper. Often, when Thisbe had taken up a position on this side, and Pyramus on that, and the panting of [each] mouth had been caught by turns, they would say, 'Envious wall, why do you block the path for those who are in love? How much would it be for you to allow us to be joined in all our body, or if that is too much, for you to be opened for the purpose of kissing? We are not ungrateful; we agree that we are indebted to you, because a passage for words has been provided for loving ears.' Having spoken such matters in vain from their different houses, they said, 'Farewell' as night approached, and each gave to his own side kisses that did not reach to the other.

(81) "And after dawn had taken away the fires of the night, and the sun had dried the frosty grasses with its rays of light, they came together at the accustomed place. Then, first having complained much in a small murmur, they decided that they should try to deceive their guardians in the silent night, and go out through their doors, and when they shall have left home, that they also leave behind the dwellings of the city, and so that they would not lose their way while wandering about in the open field, to meet at the tomb of Ninus, and they would take refuge in the shade of a tree: a tree most abundant in snowy fruit, a lofty mulberry, nearby an ice-cold spring.

(91) "Their agreement pleased them; and the light, having seemed to depart slowly, rushes headlong into the sea, and night comes out through the same water. Clever Thisbe, after the door hinge has been turned, goes out through the shadows, and tricks her guardians, and with covered face comes to the tomb and sat under the appointed tree. Love made her bold! But look! a lioness, her gaping jaws smeared from the fresh slaughter of cattle, comes to allay [i.e., quench] her thirst in the water of the neighboring spring; Babylonian Thisbe saw her by the moon's rays, and fled away on fearful foot to a dark cave.

(101) "And while she fled, she left behind her veil which had slipped off from her back. When the savage lioness has quenched her thirst with much water, while she returns to the forest, she tore with her blood-stained mouth the thin cloak, found by chance, without Thisbe herself in it.

(105) "Having left too late, Pyramus saw the sure footprints of the beast in the deep dust and turned pale in the whole of his face; truly when he discovered too the garment soaked with blood, he said, 'One night will destroy two lovers, of whom she was most worthy of a long life. My soul is guilty. I have killed you, you who must be pitied; I, who ordered you to come at night to places full of fear, and did not come here earlier. Tear my body in two, and eat my wicked entrails with your fierce bite, oh, you lions who live beneath this rocky cliff. But to wish for death is for the timid.' He lifts Thisbe's veil and carries it with him to the shade of the agreed upon tree, and when he gave tears to the well-known garment, and he gave it kisses, he said, 'Take now drinks of my blood!' He drove into his groin the sword with which he had been girded. And, dying, he drew it from his fresh wound without delay.

(121) "As he lay on his back on the ground, the blood spurts up on high, as when a pipe, its lead impaired, is split and shoots forth long spurts of water from its thin hissing hole, and strikes the air with its thrusts. The fruits of the tree were turned dark by the splashing of the slaughter; the root, drenched with blood, stained the hanging berries with crimson color.

(128) "But, look, though her fear was not yet cast off, Thisbe returns so that she will not disappoint her lover, and she looks for the youth with eyes and soul. She wants to tell how many dangers she has avoided, and

although she recognizes the place and the shape of the tree which is seen, still, the color of the fruit makes her uncertain; she is perplexed as to whether this is the tree. And while she hesitates, she sees that quivering limbs are still striking the bloody earth, and she drew back her step, and with a face paler than boxwood, she shuddered just like water that trembles, when its surface is struck by a tiny breeze. (137) But after she had lingered, she recognized her beloved, and strikes her undeserving arms with loud lamentation, and having torn her hair, and embraced the beloved body, and she filled up the wound with tears and mixed her weeping with his blood, and fixing kisses on his chill features she called, 'Pyramus, what misfortune takes you away from me? Pyramus, answer! Your dearest Thisbe calls you. Listen and lift up your fallen head!'

(145) "At the name of Thisbe, Pyramus opened his eyes, heavy with death, and when he had seen her, closed them again. And after she saw her own cloak and the scabbard empty of its sword, she said, 'Your own hand and your love have destroyed you, unhappy one! I also have a hand strong for this one thing, and my love is strong; this will give the strength for wounds. I will follow you who are dead, and I will be called the most wretched cause and companion of your death; and you who, alas, could be torn away from me by death alone, will not even be torn away from me by death. However, be asked this by the words of both, oh my and his wretched parents, that those whom true love, whom the very last hour joined, you do not refuse to be put in the same tomb. But you, tree, who now with your branches cover the pitiful corpse of one, but are soon to cover two, hold the signs of this slaughter and always have somber fruit suited for grief, the memorials of twin bloodshed.' (162) She finished speaking and with the sword point fitted beneath the lower part of her breast, she fell on the sword which was still warm from his slaughter. Her prayers touched the gods, touched their parents: for the color of the fruit is black after it has ripened, and what was left from the funeral pyres rests in one urn."

DAEDALUS AND ICARUS

Met. VIII. 183–235

Meanwhile Daedalus, despising Crete and his lengthy exile and touched by love of his native land, had been shut in by the sea. 'Although,' he said, 'he [Minos] obstructs both land and sea yet without doubt the sky is open; we will go by that way. Even though he controls all things, Minos does not control the air.' He spoke and directs his mind to unknown arts and makes nature new. For he puts feathers in order, beginning from the smallest, the shorter following the long, so that you would think [they] had grown on a slope: thus the rural pan pipes once rose one by one with unequal reeds; then he fastens the middle [feathers] and the lower ones with thread and wax and bends them placed together thus in a small curve, so that he would imitate real birds.

(195) The boy Icarus was standing at the same time [with him], and, unaware that he was handling his own danger, with beaming face, he tried to catch now at the feathers that a shifting breeze had moved, and now he was softening the yellow wax with his thumb, and by his play he was hindering the wondrous work of his father.

(200) After the finishing touch had been applied to what had been begun, the artisan himself balanced his own body on the twin wings and hung on the breeze; and he instructs his son, 'I advise, Icarus, that you fly in the middle path, lest, if you go too low, the water weigh down your wings, if too high, the fire burn them. Fly between each. And I order you not to look at Boötes or Helice and the unsheathed sword of Orion. With me as leader, take the way.' At the same time he delivers the rules for flying and fits the unfamiliar wings on his [Icarus's] shoulders.

(210) Between the work and the warnings his old cheeks grew wet, and his paternal hands trembled. He gave to his son kisses which would not be again repeated and, having lifted off on his wings, he flies on before and fears for his companion, just as a bird, which has led its fragile offspring from the nest into the air, and he urges him to follow, and teaches him the ruinous arts, and he himself moves his own wings and looks back at those of his son.

(217) And someone while he is fishing with his trembling rod, or a shepherd with his staff or a plowman leaning on his handle, saw them and is astonished; and he believed to be gods those who could pass over the sky. And now on the left side was Juno's Samos (both Delos and Paros had been left behind) and on the right was Lebinthos and Calymne, fertile with honey, when the boy began to rejoice in his bold flight, and he deserted his leader and drawn by a longing for the sky, he drove his course too high. The proximity of the swift-moving sun softens the fragrant wax, the bonds of his feathers; gradually the wax had melted. He shakes naked arms, and lacking wings he catches hold of no air, and his lips, calling his father's name, are received by the deep blue sea, which drew its name from him.

(231) But his unhappy father, no longer a father, said, 'Icarus, Icarus, where are you? In what region should I look for you? Icarus,' he kept on saying. He caught sight of the feathers in the water, and cursed his arts and laid the boy's body to rest in a tomb, and the land was called from the name of the buried boy.

PHILEMON AND BAUCIS

Met. VIII. 616–724

All were amazed, nor did they approve such words, and before everyone, Lelex, mature in mind and in age, says the following: "The power of heaven is mighty and has no end, and whatever the gods have desired, has been carried out. And, so that you may be less doubtful, [know that] there is an oak tree near by a linden in the Phrygian hills, surrounded by a modest wall; I myself have seen the place; for Pittheus sent me to the territory of Pelops formerly ruled by his father.

(624) "Not far from this place is a swamp, once a habitable land, but now waters crowded with gulls and marsh coots; Jupiter came here in the appearance of a mortal, and with his father came the son of Atlas, the caduceus-bearer, with his wings having been abandoned. They approached a thousand homes seeking a place and rest, and a thousand crossbars closed up the houses; however, one house received them, small indeed, and roofed with straw and marsh reed, but the pious old woman Baucis and Philemon of a similar age were united in that house in their youthful years, and they had grown old in that house and there, they made their poverty light by acknowledging it and not by bearing it with a resentful mind.

(635) "It is of no importance if you ask for the masters or servants there; the two of them are the whole household; they obey and give orders the same. And so, when the heavenly deities came in contact with the household gods [i.e., the cottage] and entered the humble doors with lowered head, the old man bid them to rest their limbs on a seat that he had placed, over which attentive Baucis threw a rough cloth, and on the hearth she moved about the warm ashes and roused yesterday's fires and encouraged them with leaves and dry bark and brought forth flames with her old woman's breath (644) and took down split pieces of firebrands and dried branches from the roof, and made them smaller and placed them near a small bronze kettle, and she strips of its foliage the cabbage which her husband had gathered from the well-watered garden. He lifts off with a forked stick grimy pig's backs hanging from the black rafter and cuts off a small part from the back which had been saved for a long time, and boils the small piece soft in the bubbling water.

(651) "Meanwhile, they while away the hours between with conversations, and they shake out a cushion from the soft marsh grass of the river placed on a couch with a frame and feet of willow. They cover this with cloths, which they were not accustomed to spread except on a day of festival, but even this cloth was common and old, not unworthy for a willow couch. The gods reclined at the table. The old woman, trembling, with her skirt bound up, sets up the table, but the third foot was uneven, so she made it straight with a fragment of earthenware; which after situated beneath held up the incline, green mint leaves wiped off the leveled table.

(664) "Then the two colored olives of unblemished Minerva are placed there, and autumn cornelian cherries preserved in liquid brine and endive and root, and the lumps of curdled milk and eggs turned gently on the warm ashes, all on earthenware dishes. After these, a bowl engraved with the same sort of "silver," and cups made from beech wood, coated where they are hollow with yellow wax; there is little delay, the hearths sent warm feasts, and wines of a not long old age [i.e., young vintage] are brought forth again, and having been moved away a little they give room for the second course. Here nuts, and figs mixed with wrinkled dates, and plums, and apples fragrant in their wide baskets, and grapes gathered from purple vines; in the middle is a glistening honeycomb; over all, good expressions were added and intention neither lazy nor poor.

(679) "Meanwhile they see that the mixing bowl so often consumed is refilled automatically, and that the wine supplies itself anew by itself. Amazed by this strange phenomenon, they are frightened and, with upturned hands Baucis and fearful Philemon form prayers, and beg indulgence for their feast and for their trifling preparations. There was only one goose, the guardian of their very small cottage, which its masters were making ready to kill for their divine guests. The goose, swift of feather, tires them, slow with age, and avoids capture for a long time and finally seems to have fled for safety to the gods themselves; the gods forbade that it be killed.

(689) They said, 'We are gods, and this impious region shall pay the deserved penalties. It will be given to you to be free of this evil. Leave now your house and follow our steps and go together to the high elevations of the mountain!' Both obey, and, supported by their canes,

they strive to place their footsteps on the long slope. They were only as far from the top as an arrow once sent can go; they bent their eyes and see the rest flooded by a swamp; only their own house remains, and while they are wondering at these things, and while they weep for the fate of their friends, that old house, small even for two masters, is turned into a temple: columns replaced the forked beams, the thatch grows golden and the house seems golden, and the doors engraved and the ground covered with marble.

(703) "Then the son of Saturn delivered the following with a kindly mouth, 'Say, just old man and wife worthy of a just husband, what you desire.' And when he had spoken a little with Baucis, Philemon reveals their joint decision to the gods: 'We demand to be priests and to watch over your holy shrines, and since we have spent harmonious years together, let the same hour carry us two away, and may I never see the tomb of my wife, nor may I have to be entombed by her.'

(711) "Honor follows their prayers; they were the guardians of the temple as long as life was given. Weakened with years and age, when they were standing before the sacred steps by chance and were speaking of the misfortunes of the place, Baucis saw Philemon growing foliage, and Philemon, the elder, saw Baucis growing branches, and now with a treetop growing over their twin faces, while it was permitted, they gave back words and said, 'Farewell, oh spouse,' at the same time, while at the same time green growth covered their hidden faces. Still in that region a Bithynian inhabitant points out the neighboring trunks from a twin body.

(721) "Reliable old men told me these things (and there was no reason why they should wish to deceive [me]); indeed I have seen votive garlands hanging on the branches and placing fresh ones [there], I said, 'Let those who are beloved of the gods be gods, and those who have worshipped, be worshipped.'"

ORPHEUS AND EURYDICE

Met. X. 1–85

From there covered by a yellow cloak, Hymen departs through the great sky and proceeds towards the shores of the Cicones and is called in vain by the Orphean voice. Indeed, he was present, but he did not bring solemn words or a happy face or fortunate omen. Too, the torch, which he held, was constantly shrilling with tearful smoke and found no fires with his movements. The outcome was more serious than the portent, for the new bride, while she was wandering through the grass followed by a crowd of naiads, died, because she received the tooth of a serpent on her ankle. After the Rhodopeian bard wept for her enough to the upper airs, lest he not try the shades as well, he dared to descend through the Taenarian gate to the Styx and through the light people (ghosts) and shades who have suffered the grave, and he approached Persephone and the master of the shades who held the unlovely kingdoms, and, his strings plucked for song, he spoke as follows:

(17) "O powers of the world positioned beneath the land into which we all return, whatever mortal thing we are created, if it is allowed and you permit true things to be said and the circumlocutions of a false mouth are put away, I did not come down here so that I might see dark Tartarus, nor so that I might bind the three throats shaggy with snakes of the Medusan monster: my wife into whom a snake when trodden on diffused his venom and carried away her years for growing is the reason for my journey. I wanted to be able to endure and I will not deny that I tried: Love conquered. This god is well known in the shores above; I doubt that he is here: but nevertheless I prophesy that he is here also: if the rumor of the old kidnapping is not a lie, Love has joined you too. Through these places filled with fear, through this great chaos and the silence of the endless kingdom, I beg you, cancel the hastened fates of Eurydice. We are indebted to you in every respect; after we have delayed for a short while, later or quickly we hasten to the one dwelling. We all proceed here, this is the last house, and you hold the longest kingdom of the human race. She too, when a mature woman she will have carried out her just years, will be under your power. We ask for a loan instead of a gift. But if the fates deny this indulgence for my wife, it is sure to me not to want to go back: rejoice in the death of two."

(40) The pale spirits wept for him as he spoke such things and moved his strings to his words; and Tantalus did not seize the water as it fled; the wheel of Ixion became paralyzed; nor did the vultures pluck out the liver, and the Danaides left their jars empty, and you, Sisyphus, sat on your rock. Then it is said for the first time the cheeks of the Eumenides conquered by his song became wet with tears, nor did the royal wife tolerate his plea or the one who rules the lowest places refuse. They call Eurydice; she was among the recent shades and walked with a slow step on account of her wound. The Rhodopeian hero receives her and at the same time the law that he not turn his eyes backwards until he has gone out of the valleys of Avernus or his gifts would be in vain. A sloping path steep, dark, is seized through the mute silences, thick with murky darkness and they were not far from the edge of the upper earth; the lover, fearing lest she fade, and eager of seeing her, turned his eyes, and at once she slid back, spreading out her arms and struggling to be held and to hold, unlucky she grabbed hold of nothing except the yielding breezes.

(60) And now, dying again she did not complain at all about her husband (for what could she complain of except that she had been loved?). He scarcely received her final "farewell" in his ears, she spoke and turned around again to the same place.

(64) Orpheus at the second death of his wife was amazed, not unlike one who, fearful, sees the three heads of the dog, the middle head wearing chains, and his fear has not left him before his former nature left, when a rock sprung up over his body, and not unlike Olenos who dragged blame onto himself and wanted to be seen to be guilty, or like you, o Lethaea, unhappy who trusted in your beauty, (the hearts once most joined together), now stones, that the watery Ide holds. The ferryman drove him away begging and desiring in vain to cross again: however, for seven days he sat coated with filth on the bank without food (the gift of Ceres). Care and grief and the tears of his soul were his sustenance. He complained that the gods of the underworld were cruel and took himself to high Rhodopes and Haemus struck by the north winds.

(78) Three times had Titan completed the year enclosed by the watery Pisces, and Orpheus fled from love of women, whether because it had ended badly for him or he had made a pledge; nevertheless ardor

possessed many women to join themselves to the bard. Many grieved at having been repulsed. He was the originator for the people of Thrace to transfer love to young males, and before the period of youth to pluck the brief spring and the first flowers of the age.

PYGMALION

Met. X. 238–97

"There are, however, the polluted Propoetides who dared to deny the goddess Venus; for which through the anger of the divine power, they are said, according to rumor, to have been the first to prostitute their bodies and when their modesty ceased, and the blood of [each] face became hardened, [they are said] to have been changed with little difference into rigid stone.

(243) "Because Pygmalion had seen them [the Propoetides] spending their lives in crime, offended by their vices, which nature gave most fully to the female mind, he lived as a bachelor without a wife and for a long time lacked a partner for his bedroom. Meanwhile, with marvelous craft, he successfully carved a snow-white piece of ivory and gave it beauty with which no woman can be born, and he conceived a love for his own work.

(250) "It has the appearance of a real maiden who you would believe was alive, and if modesty did not stand in its way, you would think it wanted to be moved: to such a degree does his art lie concealed by his skill. Pygmalion wonders at [it] and with his heart drinks up the fires of this fabricated form. Often he moves his hands to his work trying whether it is a body or ivory, nor does he acknowledge it is still ivory. He gives it kisses and thinks they are returned and speaks to it and holds it and believes his fingers sink into the limbs which have been touched and fears that a bruise might appear on the pressed limbs. (259) And now he offers it compliments, and now he brings it gifts pleasing to girls: shells, and smooth little stones, and little birds and flowers of a thousand shades and lilies and painted balls and the tears of the Heliades [i.e., amber] dropped from the tree. And he adorns its limbs with clothing, and gives it jewels for its fingers, and long necklaces for its neck and light pearls hang from its ears and garlands from its breast. All are becoming, yet its beauty seems no less when naked. He places it on coverlets dyed with Sidonian purple and calls it the partner of his bed and lays to rest its neck which has been leaned on soft feathers, as if it could feel.

(270) "The most famous holiday of Venus in all Cyprus had come and heifers, wide horns covered with gold, had fallen, struck on their snowy neck, and incense was smoking, and Pygmalion, having performed his ritual duty at the altars, stood [and said] fearfully, 'If, goddess, you can give all things, I wish my wife to be,' (not having dared to say 'my ivory maiden') but 'like my ivory maiden.' Golden Venus, since she herself was present at her festivals, sensed what these prayers wished for, and, as sign of a friendly divinity, three times the flame burnt up and leapt into the air.

(280) "When he returned, he seeks the image of his own girl, and lying down on the bed he gave [her] kisses: she seemed to be warm; he moves his mouth near again, and touches her breast with his hands: the ivory which had been touched softens and when its stiffness has been put aside, it gives way and yields to his fingers, as Hymettian wax melts from the sun, and handled by the thumb, is turned to many shapes, and becomes useful by its very use. While he is amazed and rejoices in doubt and fears he is deceived, again and again the lover retraces his desires with his hand. She was flesh! Her veins, having been touched, pulse under his thumb.

(290) "Then indeed the Paphian hero forms the fullest words with which he can give thanks to Venus, and finally he presses the real lips with his mouth, and the maiden feels the kisses which have been given and blushed, and raising timid eyes to the light she saw her lover at once with the sky. The goddess is present at the marriage which she made, and when the moon with its horns had gathered in a full globe nine times, she [the maiden] bore a daughter, Paphos, from whom the island preserves its name.

SAMPLE TESTS

AMORES I. 1

I. Short Analysis:

questus eram, pharetra cum protinus ille soluta
    legit in exitium spicula facta meum
lunavitque genu sinuosum fortiter arcum
    "quod" que "canas, vates, accipe" dixit "opus."

1. To whom does *ille* refer in line 21?
2. What figure of speech is being used in line 22?
3. What is the significance of the word *vates*? To whom does it refer?

II. Translation:

quid si praeripiat flavae Venus arma Minervae,
    ventilet accensas flava Minerva faces?
quis probet in silvis Cererem regnare iugosis,
    lege pharetratae virginis arva coli?
crinibus insignem quis acuta cuspide Phoebum
    instruat, Aoniam Marte movente lyram?

Translate the above passage as literally as possible.

III. Essay Question:

Arma gravi numero violentaque bella parabam
    edere, materia conveniente modis.
par erat inferior versus; risisse Cupido
    dicitur atque unum surripuisse pedem.
"quis tibi, saeve puer, dedit hoc in carmina iuris?
    Pieridum vates, non tua, turba sumus.
quid si praeripiat flavae Venus arma Minervae,
    ventilet accensas flava Minerva faces?
quis probet in silvis Cererem regnare iugosis,
    lege pharetratae virginis arva coli?
crinibus insignem quis acuta cuspide Phoebum
    instruat, Aoniam Marte movente lyram?
sunt tibi magna, puer, nimiumque potentia regna:
    cur opus affectas ambitiose novum?
an, quod ubique, tuum est? tua sunt Heliconia tempe?
    vix etiam Phoebo iam lyra tuta sua est?
cum bene surrexit versu nova pagina primo,
    attenuat nervos proximus ille meos.
nec mihi materia est numeris levioribus apta,
    aut puer aut longas compta puella comas."
questus eram, pharetra cum protinus ille soluta
    legit in exitium spicula facta meum
lunavitque genu sinuosum fortiter arcum
    "quod" que "canas, vates, accipe" dixit "opus."
me miserum! certas habuit puer ille sagittas.
    uror, et in vacuo pectore regnat Amor.
sex mihi surgat opus numeris, in quinque residat;
    ferrea cum vestris bella valete modis.
cingere litorea flaventia tempora myrto,
    Musa per undenos emodulanda pedes.

This poem forms the introduction to the entire *Amores*. In it, the poet establishes his roles as poet and lover and in the process comments on traditional elegiac poetry. Write an essay in which you discuss how Ovid defines these two roles. Cite specific Latin words and phrases in support of your argument.

AMORES I. 3

I. Short Analysis:

21 carmine nomen habent exterrita cornibus Io
et quam fluminea lusit adulter ave
quaeque super pontum simulato vecta iuvenco
virginea tenuit cornua vara manu.

1. Give the names of the three mythological women mentioned in this passage.
2. Cite the Latin words that identify each woman.
3. Comment briefly on the persuasive effect of these examples on the poet's arguments to his *puella*.

II. Translation:

non mihi mille placent, non sum desultor amoris:
tu mihi, si qua fides, cura perennis eris;
tecum, quos dederint annos mihi fila sororum,
vivere contingat teque dolente mori;

desultor, -oris (m.) - a circus rider who leaps from horse to horse (i.e., a fickle person)

Translate the above passage as literally as possible.

III. Essay Question:

Iusta precor: quae me nuper praedata puella est,
    aut amet aut faciat, cur ego semper amem.
a, nimium volui: tantum patiatur amari,
    audierit nostras tot Cytherea preces.
accipe, per longos tibi qui deserviat annos;
    accipe, qui pura norit amare fide.
si me non veterum commendant magna parentum
    nomina, si nostri sanguinis auctor eques,
nec meus innumeris renovatur campus aratris,
    temperat et sumptus parcus uterque parens,
at Phoebus comitesque novem vitisque repertor
    hac faciunt et me qui tibi donat Amor
et nulli cessura fides, sine crimine mores,
    nudaque simplicitas purpureusque pudor.
non mihi mille placent, non sum desultor amoris:
    tu mihi, si qua fides, cura perennis eris;
tecum, quos dederint annos mihi fila sororum,
    vivere contingat teque dolente mori;
te mihi materiem felicem in carmina praebe:
    provenient causa carmina digna sua.
carmine nomen habent exterrita cornibus Io
    et quam fluminea lusit adulter ave
quaeque super pontum simulato vecta iuvenco
    virginea tenuit cornua vara manu.
nos quoque per totum pariter cantabimur orbem
    iunctaque semper erunt nomina nostra tuis.

In lines 5–6 of this poem, the poet professes unselfish, never-ending devotion to his beloved. Write an essay in which you comment on this promise and discuss the possibilty of its fulfilment. Cite specific Latin words and phrases in support of your argument.

AMORES I. 9

I. Short Analysis:

11 ibit in adversos montes duplicataque nimbo
flumina, congestas exteret ille nives,
nec freta pressurus tumidos causabitur Euros
aptave verrendis sidera quaeret aquis.

exterō, -ere, -trīvī, -trītum - to trample on
verrō, -ere, versum - to row

1. What figure of speech do these lines, describing the extremes to which the lover like the soldier will go to reach his goal, represent?

2. (a) What type of word order is *aptave verrendis sidera quaeret aquis*?
(b) What conditions necessary for travel do these words really describe?

3. (a) What case are *verrendis . . . aquis*?
(b) What type of construction do they form?

II. Translation:

1 Militat omnis amans, et habet sua castra Cupido;
Attice, crede mihi, militat omnis amans.
quae bello est habilis, Veneri quoque convenit aetas:
turpe senex miles, turpe senilis amor.

Translate the above passage as literally as possible.

III. Essay Question:

ergo desidiam quicumque vocabat amorem,
    desinat: ingenii est experientis Amor.
ardet in abducta Briseide magnus Achilles
    (dum licet, Argeas frangite, Troes, opes);
Hector ab Andromaches complexibus ibat ad arma,
    et galeam capiti quae daret, uxor erat;
summa ducum, Atrides visa Priameide fertur
    Maenadis effusis obstipuisse comis.
Mars quoque deprensus fabrilia vincula sensit:
    notior in caelo fabula nulla fuit.
ipse ego segnis eram discinctaque in otia natus;
    mollierant animos lectus et umbra meos;
impulit ignavum formosae cura puellae,
    iussit et in castris aera merere suis.
inde vides agilem nocturnaque bella gerentem:
    qui nolet fieri desidiosus, amet.

This passage begins and ends with references to the energy required for a successful lover. How do the examples that Ovid chooses as illustrations support his argument and reinforce the poet's thesis that every lover is a soldier?

AMORES I. 11

I. Short Analysis:

dum loquor, hora fugit: vacuae bene redde tabellas,
verum continuo fac tamen illa legat.
aspicias oculos mando frontemque legentis:
et tacito vultu scire futura licet.

1. Who is being addressed in the commands *redde* and *fac* (15–16)?

2. To whom does the word *legentis* (17) refer?

3. What are the gender, number, and case of *futura* (18)?

II. Translation:

non ego victrices lauro redimire tabellas
nec Veneris media ponere in aede morer.
subscribam VENERI FIDAS SIBI NASO MINISTRAS
DEDICAT. AT NUPER VILE FUISTIS ACER.

acer, acris (n.) - maple wood

Translate the above passage as literally as possible.

III. Essay Question:

Colligere incertos et in ordine ponere crines
  docta neque ancillas inter habenda Nape
inque ministeriis furtivae cognita noctis
  utilis et dandis ingeniosa notis,
saepe venire ad me dubitantem hortata Corinnam,
  saepe laboranti fida reperta mihi,
accipe et ad dominam peraratas mane tabellas
  perfer et obstantes sedula pelle moras.
nec silicum venae nec durum in pectore ferrum
  nec tibi simplicitas ordine maior adest;
credibile est et te sensisse Cupidinis arcus:
  in me militiae signa tuere tuae.
si quaeret quid agam, spe noctis vivere dices;
  cetera fert blanda cera notata manu.
dum loquor, hora fugit: vacuae bene redde tabellas,
  verum continuo fac tamen illa legat.
aspicias oculos mando frontemque legentis:
  et tacito vultu scire futura licet.
nec mora, perlectis rescribat multa iubeto:
  odi, cum late splendida cera vacat.
comprimat ordinibus versus, oculosque moretur
  margine in extremo littera †rasa† meos.
quid digitos opus est graphio lassare tenendo?
  hoc habeat scriptum tota tabella 'veni.'
non ego victrices lauro redimire tabellas
  nec Veneris media ponere in aede morer.
subscribam VENERI FIDAS SIBI NASO MINISTRAS
  DEDICAT. AT NUPER VILE FUISTIS ACER.

Write an essay in which you describe how the structure and style of this poem reinforce the poet's sense of urgency and excitement. Be sure to select specific Latin words and phrases in support of your arguments.

AMORES I. 12

I. Short Analysis:

Flete meos casus: tristes rediere tabellae;
    infelix hodie littera posse negat.
omina sunt aliquid: modo cum discedere vellet,
    ad limen digitos restitit icta Nape.
missa foras iterum limen transire memento
    cautius atque alte sobria ferre pedem.

1. (a) What verb form is *flete* (1)?
   (b) Who is being addressed in *flete meos casus*?
2. What is the *omen* referred to in line 3?
3. What does the word *sobria* suggest in line 6?

II. Translation:

illum etiam, qui vos ex arbore vertit in usum,
    convincam puras non habuisse manus.
praebuit illa arbor misero suspendia collo,
    carnifici diras praebuit illa cruces;

carnifex, -ficis (m.) - executioner

Translate the above passage as literally as possible.

III. Essay Question:

Flete meos casus: tristes rediere tabellae;
  infelix hodie littera posse negat.
omina sunt aliquid: modo cum discedere vellet,
  ad limen digitos restitit icta Nape.
missa foras iterum limen transire memento
  cautius atque alte sobria ferre pedem.
ite hinc, difficiles, funebria ligna, tabellae,
  tuque, negaturis cera referta notis,
quam, puto, de longae collectam flore cicutae
  melle sub infami Corsica misit apis.
at tamquam minio penitus medicata rubebas:
  ille color vere sanguinulentus erat.
proiectae triviis iaceatis, inutile lignum,
  vosque rotae frangat praetereuntis onus.
illum etiam, qui vos ex arbore vertit in usum,
  convincam puras non habuisse manus.
praebuit illa arbor misero suspendia collo,
  carnifici diras praebuit illa cruces;
illa dedit turpes raucis bubonibus umbras,
  vulturis in ramis et strigis ova tulit.
his ego commisi nostros insanus amores
  molliaque ad dominam verba ferenda dedi?
aptius hae capiant vadimonia garrula cerae,
  quas aliquis duro cognitor ore legat;
inter ephemeridas melius tabulasque iacerent,
  in quibus absumptas fleret avarus opes.
ergo ego vos rebus duplices pro nomine sensi:
  auspicii numerus non erat ipse boni.
quid precer iratus, nisi vos cariosa senectus
  rodat, et immundo cera sit alba situ?

In this poem we learn that Ovid's request for a nocturnal meeting with his *puella* from poem I. 11 has been refused: she is unable to see him! What is the nature of Ovid's reaction to this message? In your response, be sure to consider the tone of the passage and the major images used by the poet. Cite specific Latin words and phrases in support of your arguments.

AMORES II. 19

I. Short Analysis:

tu quoque, quae nostros rapuisti nuper ocellos,
saepe time simulans, saepe rogata nega,
et sine me ante tuos proiectum in limine postes
longa pruinosa frigora nocte pati.
sic mihi durat amor longosque adolescit in annos;
hoc iuvat; haec animi sunt alimenta mei.

1. Identify the "tu" in the first line of this passage
2. How does the speaker describe himself in lines 21 and 22? What exact role does he imagine that he is playing here?
3. How does the meter in line 21 support the image of the lover?

II. Translation:

31 quod licet et facile est quisquis cupit, arbore frondes
carpat et e magno flumine potet aquam.
siqua volet regnare diu, deludat amantem.
(ei mihi, ne monitis torquear ipse meis!)

Translate this passage as literally as possible.

III. Essay Question:

At tu, formosae nimium secure puellae,
incipe iam prima claudere nocte forem;
incipe, quis totiens furtim tua limina pulset,
quaerere, quid latrent nocte silente canes,
quas ferat et referat sollers ancilla tabellas,
cur totiens vacuo secubet ipsa toro.
mordeat ista tuas aliquando cura medullas,
daque locum nostris materiamque dolis.
ille potest vacuo furari litore harenas,
uxorem stulti si quis amare potest.
iamque ego praemoneo: nisi tu servare puellam
incipis, incipiet desinere esse mea.
multa diuque tuli; speravi saepe futurum,
cum bene servasses, ut bene verba darem.
lentus es et pateris nulli patienda marito;
at mihi concessi finis amoris erit!
scilicet infelix numquam prohibebor adire?
nox mihi sub nullo vindice semper erit.
nil metuam? per nulla traham suspiria somnos?
nil facies, cur te iure perisse velim?

Write an essay in which you discuss the nature and purpose of the advice the speaker is giving in the passage above. Pay close attention to the way the argument is developed, considering both the points made and the tone in which they are delivered. Use specific examples from this passage as evidence.

AMORES III. 12

I. Short Analysis:

aversis utinam tetigissem carmina Musis,
    Phoebus et inceptum destituisset opus!
Nec tamen ut testes mos est audire poetas:
    malueram verbis pondus abesse meis.

1. Explain the form and syntax of *tetigissem* and *destituisset.*
2. What figure of speech does the poet employ in *testes mos est audire poetas* line 19?
3. Scan lines 19 and 20.

II. Translation:

41 exit in inmensum fecunda licentia vatum,
    obligat historica nec sua verba fide:
et mea debuerat falso laudata videri
    femina; credulitas nunc mihi vestra nocet.

Translate the above passage as literally as possible.

III. Essay Question:

Quis fuit ille dies, quo tristia semper amanti
    omina non albae concinuistis aves?
quodve putem sidus nostris occurrere fatis,
    quosve deos in me bella movere querar?
quae modo dicta mea est, quam coepi solus amare,
    cum multis vereor ne sit habenda mihi.
fallimur, an nostris innotuit illa libellis?
    sic erit: ingenio prostitit illa meo.
et merito: quid enim formae praeconia feci?
    vendibilis culpa facta puella mea est.
me lenone placet, duce me perductus amator,
    ianua per nostras est adaperta manus.
an prosint, dubium, nocuerunt carmina certe:
    invidiae nostris illa fuere bonis.

The passage above is the introduction to an elegy in which the speaker asserts that he has lost Corinna. As the passage develops, he explains the reasons he has lost her. Write an essay in which you evaluate this loss in terms of the language of this passage and the roles the speaker assigns to himself and to Corinna. Pay careful attention to how the argument moves and changes in this section of the poem.

AMORES III. 15

I. Short Analysis:

culte puer puerique parens Amathusia culti,
aurea de campo vellite signa meo:
corniger increpuit thyrso graviore Lyaeus;
pulsanda est magnis area maior equis.
imbelles elegi, genialis Musa, valete,
post mea mansurum fata superstes opus.

vellō, -ere, vulsī, vulsum - to pull up
increpō, -āre, -uī, -itum - to make a loud rattle, clang, noise
superstes, -itis - surviving after death

1. (a) To whom is *culte puer* (15) a reference?
   (b) Name the person referred to by *puerique parens Amathusia culti.*
   (c) What is the name for the word order in (15): *puerique parens Amathusia culti*?
2. Write out and scan lines 17–18.
3. (a) Who is *corniger Lyaeus* (17)?
   (b) Why does the poet make this reference?

II. Translation:

Mantua Vergilio gaudet, Verona Catullo;
Paelignae dicar gloria gentis ego,
quam sua libertas ad honesta coegerat arma,
cum timuit socias anxia Roma manus.

Translate the above passage as literally as possible.

III. Essay Question:

Quaere novum vatem, tenerorum mater Amorum:
raditur haec elegis ultima meta meis;
quos ego composui, Paeligni ruris alumnus,
(nec me deliciae dedecuere meae)
si quid id est, usque a proavis vetus ordinis heres,
non modo militiae turbine factus eques.
Mantua Vergilio gaudet, Verona Catullo;
Paelignae dicar gloria gentis ego,
quam sua libertas ad honesta coegerat arma,
cum timuit socias anxia Roma manus.
atque aliquis spectans hospes Sulmonis aquosi
moenia, quae campi iugera pauca tenent,
"quae tantum" dicet "potuistis ferre poetam,
quantulacumque estis, vos ego magna voco."
culte puer puerique parens Amathusia culti,
aurea de campo vellite signa meo:
corniger increpuit thyrso graviore Lyaeus;
pulsanda est magnis area maior equis.
imbelles elegi, genialis Musa, valete,
post mea mansurum fata superstes opus.

In this last poem of the three books of the *Amores*, Ovid says farewell to elegiac poetry and begins to create a new role for himself as a different kind of poet. What kind of a poet does the poem suggest he will become, and how does this new poetic role contrast with his old role in elegy? Be sure to include Latin words or phrases from this and any other of the *Amores* that you can remember.

CREATION

Met. I. 1–88

I. Short Analysis:

Hanc deus et melior litem natura diremit.
nam caelo terras et terris abscidit undas
et liquidum spisso secrevit ab aere caelum.
quae postquam evolvit caecoque exemit acervo,
dissociata locis concordi pace ligavit:

1. Write out and scan line 23.
2. Write out the Latin that expresses the three divisions of the world and translate each one.
3. Write out and translate the subject of *ligavit* in line 25.
4. What figure of speech does Ovid employ with the words *liquidum spisso secrevit ab aere caelum* and how does it complement the meaning of the phrase?

II. Translation:

Ante mare et terras et quod tegit omnia caelum
unus erat toto naturae vultus in orbe,
quem dixere chaos: rudis indigestaque moles
nec quicquam nisi pondus iners congestaque eodem
non bene iunctarum discordia semina rerum.

Translate the above passage as literally as possible.

III. Essay:

natus homo est, sive hunc divino semine fecit
ille opifex rerum, mundi melioris origo,
sive recens tellus seductaque nuper ab alto
aethere cognati retinebat semina caeli.
quam satus Iapeto, mixtam pluvialibus undis,
finxit in effigiem moderantum cuncta deorum,
pronaque cum spectent animalia cetera terram,
os homini sublime dedit caelumque videre
iussit et erectos ad sidera tollere vultus:
sic, modo quae fuerat rudis et sine imagine, tellus
induit ignotas hominum conversa figuras.

In a well thought out essay, explain how the passage above fulfills Ovid's mission of telling the story of creation as a continuous tale of *mutatas . . . formas*, changed forms. You may refer to other portions of the Creation passage to support your statements.

APOLLO AND DAPHNE

Met. I. 452–567

I. Short Analysis:

Phoebus amat visaeque cupit conubia Daphnes,
quodque cupit, sperat, suaque illum oracula fallunt,
utque leves stipulae demptis adolentur aristis,
ut facibus saepes ardent, quas forte viator
vel nimis admovit vel iam sub luce reliquit,
sic deus in flammas abiit, sic pectore toto
uritur et sterilem sperando nutrit amorem.

1. (a) In line 491, to what does the word *oracula* refer?
   (b) What is paradoxical about the phrase *suaque illum oracula fallunt*?
2. In line 496, *uritur et sterilem sperando nutrit amorem*, what sound patterns does the poet employ?
3. How do the images of burning in this passage reinforce the idea of a *sterilem . . . amorem* (496)?

II. Translation:

viribus absumptis expalluit illa citaeque
victa labore fugae spectans Peneidas undas
"fer, pater," inquit "opem! si flumina numen habetis,
qua nimium placui, mutando perde figuram!"

Translate the above passage as literally as possible.

III. Essay Question:

si qua latent, meliora putat. fugit ocior aura
illa levi neque ad haec revocantis verba resistit:
"nympha, precor, Penei, mane! non insequor hostis;
nympha, mane! sic agna lupum, sic cerva leonem,
sic aquilam penna fugiunt trepidante columbae,
hostes quaeque suos: amor est mihi causa sequendi!
me miserum! ne prona cadas indignave laedi
crura notent sentes et sim tibi causa doloris!
aspera, qua properas, loca sunt: moderatius, oro,
curre fugamque inhibe, moderatius insequar ipse.
cui placeas, inquire tamen: non incola montis,
non ego sum pastor, non hic armenta gregesque
horridus observo. nescis, temeraria, nescis,
quem fugias, ideoque fugis: mihi Delphica tellus
et Claros et Tenedos Patareaque regia servit;
Iuppiter est genitor; per me, quod eritque fuitque
estque, patet; per me concordant carmina nervis.
certa quidem nostra est, nostra tamen una sagitta
certior, in vacuo quae vulnera pectore fecit!
inventum medicina meum est, opiferque per orbem
dicor, et herbarum subiecta potentia nobis."

In this passage Apollo appeals to Daphne to accept him as a lover. Write an essay in which you discuss the role reversals in this passage. What does the speech reveal about the god himself? How does it affect the character of the god and the object of his love, the nymph Daphne?

PYRAMUS AND THISBE

Met. IV. 55–166

I. Short Analysis:

'invide' dicebant 'paries, quid amantibus obstas?
quantum erat, ut sineres toto nos corpore iungi,
aut, hoc si nimium est, vel ad oscula danda pateres?
nec sumus ingrati: tibi nos debere fatemur,

1. In line 73, what figure of speech does Ovid employ?
2. Identify the construction used in *ad oscula danda* (75).
3. Write out and scan line 75.

II. Translation:

hoc tamen amborum verbis estote rogati,
o multum miseri meus illiusque parentes,
ut, quos certus amor, quos hora novissima iunxit,
conponi tumulo non invideatis eodem;

Translate the above passage as literally as possible.

III. Essay Question:

sed timidi est optare necem.' velamina Thisbes
tollit et ad pactae secum fert arboris umbram,
utque dedit notae lacrimas, dedit oscula vesti,
'accipe nunc' inquit 'nostri quoque sanguinis haustus!'
quoque erat accinctus, demisit in ilia ferrum,
nec mora, ferventi moriens e vulnere traxit.
ut iacuit resupinus humo, cruor emicat alte,
non aliter quam cum vitiato fistula plumbo
scinditur et tenui stridente foramine longas
eiaculatur aquas atque ictibus aera rumpit.
arborei fetus adspergine caedis in atram
vertuntur faciem, madefactaque sanguine radix
purpureo tinguit pendentia mora colore.

In this description of the death of Pyramus and the metamorphosis of the mulberry tree, Ovid employs a striking simile. Discuss the nature, purpose, and effect of this simile.

DAEDALUS AND ICARUS

Met. VIII. 183–235

I. Short Analysis:

inter opus monitusque genae maduere seniles,
et patriae tremuere manus; dedit oscula nato
non iterum repetenda suo pennisque levatus
ante volat comitique timet, velut ales, ab alto
quae teneram prolem produxit in aera nido,
hortaturque sequi damnosasque erudit artes
et movet ipse suas et nati respicit alas.

ales, alitis (m.) - large bird
ērudiō, -īre, -īvī, -ītum - to teach, instruct

1. (a) What events do lines 210–11 anticipate?
   (b) Identify the predominant sound patterns in these lines.

2. (a) What form is *repetenda* (212)?
   (b) What word does it modify?
   (c) What specific word pattern is employed in *oscula nato / non iterum repetenda suo* (211–212)?

3. What are the literal and figurative meanings of *damnosas* (215)?

II. Translation:

tabuerant cerae: nudos quatit ille lacertos,
remigioque carens non ullas percipit auras,
oraque caerulea patrium clamantia nomen
excipiuntur aqua, quae nomen traxit ab illo.

tābescō, -ere, tābuī - to melt gradually
rēmigium, -ī (n.) - oars, wings

Translate the above passage as literally as possible.

III. Essay Question:

In lines 188–89 the poet describes Daedalus embarking on his invention of flight: *ignotas animum dimittit in artes / naturam novat*, yet in line 234, when Daedalus buries the body of his son, Icarus, the poet writes *devovitque suas artes*. Write an essay in which you discuss the ambiguous nature of Daedalus's *ars*.

PHILEMON AND BAUCIS

Met. VIII. 616–724

I. Short Analysis:

unicus anser erat, minimae custodia villae:
quem dis hospitibus domini mactare parabant;
ille celer penna tardos aetate fatigat
eluditque diu tandemque est visus ad ipsos
confugisse deos: superi vetuere necari
'di' que 'sumus, meritasque luet vicinia poenas
inpia' dixerunt; . . .

anser, -eris (m.) - goose
mactō, -āre, -āvī, -ātum - to kill, sacrifice
luō, -ere, -ī - to pay as a penalty, amend for

1. (a) Write out and scan line 686.
   (b) How does the meter of this line reinforce the meaning?
2. Name the two characters *superi* refers to in lines 688–90.
3. Why are the neighbors of Baucis and Philemon called *inpia* (690)?

II. Translation:

'esse sacerdotes delubraque vestra tueri
poscimus, et quoniam concordes egimus annos,
auferat hora duos eadem, nec coniugis umquam
busta meae videam, neu sim tumulandus ab illa.'

dēlubrum, -ī (n.) - temple, shrine
bustum, -ī (n.) - tomb

Translate the above passage as literally as possible.

III. Essay Question:

sic ait: "inmensa est finemque potentia caeli
non habet, et quicquid superi voluere, peractum est,
quoque minus dubites, tiliae contermina quercus
collibus est Phrygiis modico circumdata muro;
ipse locum vidi; nam me Pelopeia Pittheus
misit in arva suo quondam regnata parenti.
haud procul hinc stagnum est, tellus habitabilis olim,
nunc celebres mergis fulicisque palustribus undae;
Iuppiter huc specie mortali cumque parente
venit Atlantiades positis caducifer alis.
mille domos adiere locum requiemque petentes,
mille domos clausere serae; tamen una recepit,
parva quidem, stipulis et canna tecta palustri,
sed pia Baucis anus parilique aetate Philemon
illa sunt annis iuncti iuvenalibus, illa
consenuere casa paupertatemque fatendo
effecere levem nec iniqua mente ferendo;
nec refert, dominos illic famulosne requiras:
tota domus duo sunt, idem parentque iubentque.
ergo ubi caelicolae parvos tetigere penates
summissoque humiles intrarunt vertice postes,
membra senex posito iussit relevare sedili . . . "

In the passage above Lelex refers to the power of the gods and points out an oak and a linden tree as proof of that power. The passage also foreshadows the punishment of the impious and the reward of the pious. Write an essay in which you discuss how the poet introduces the themes of hospitality, piety, and metamorphosis in this passage, themes to be developed throughout the entire Philemon and Baucis story. Cite specific Latin words or phrases to illustrate your points.

ORPHEUS AND EURYDICE

Met. X. 1–85

I. Short Analysis:

tunc primum lacrimis victarum carmine fama est
Eumenidum maduisse genas, nec regia coniunx
sustinet oranti nec, qui regit ima, negare,
Eurydicenque vocant: umbras erat illa recentes
inter et incessit passu de vulnere tardo.

1. Hades and Persephone are mentioned in this passage. Give the Latin words that identify each.

2. What figure of speech does the poet employ in line 45:

   tum primum lacrimis victarum carmine fama est.

   Comment on the word order in this line. Why is this figure of speech appropriate here?

3. Scan line 49 and comment on the conjunction between meaning and meter

   inter et incessit passu de vulnere tardo

II. Translation:

Inde per inmensum croceo velatus amictu
aethera digreditur Ciconumque Hymenaeus ad oras
tendit et Orphea nequiquam voce vocatur.
adfuit ille quidem, sed nec sollemnia verba
nec laetos vultus nec felix attulit omen.

Translate the above passage as literally as possible.

III. Essay:

sic ait: 'o positi sub terra numina mundi,
in quem reccidimus, quicquid mortale creamur,
si licet et falsi positis ambagibus oris
vera loqui sinitis, non huc, ut opaca viderem
Tartara, descendi, nec uti villosa colubris
terna Medusaei vincirem guttura monstri:
causa viae est coniunx, in quam calcata venenum
vipera diffudit crescentesque abstulit annos.
posse pati volui nec me temptasse negabo:
vicit Amor. supera deus hic bene notus in ora est;
an sit et hic, dubito: sed et hic tamen auguror esse,
famaque si veteris non est mentita rapinae,
vos quoque iunxit Amor. per ego haec loca plena timoris,
per Chaos hoc ingens vastique silentia regni,
Eurydices, oro, properata retexite fata.
omnia debemur vobis, paulumque morati
serius aut citius sedem properamus ad unam.
tendimus huc omnes, haec est domus ultima, vosque
humani generis longissima regna tenetis.
haec quoque, cum iustos matura peregerit annos,
iuris erit vestri: pro munere poscimus usum;
quodsi fata negant veniam pro coniuge, certum est
nolle redire mihi: leto gaudete duorum.'

Write an essay in which you analyse the major portions of Orpheus's speech. How and why are these arguments effective?

PYGMALION

Met. X. 238–97

I. Short Analysis:

tum vero Paphius plenissima concipit heros
verba, quibus Veneri grates agat, oraque tandem
ore suo non falsa premit dataque oscula virgo
sensit et erubuit timidumque ad lumina lumen
attollens pariter cum caelo vidit amantem.
coniugio, quod fecit, adest dea, iamque coactis
cornibus in plenum noviens lunaribus orbem
illa Paphon genuit, de qua tenet insula nomen.

1. (a) What figure of speech do the words *non falsa* (292) represent?
   (b) What figure of speech is exemplified by the words *ad lumina lumen* (293)?
2. (a) To what goddess does *dea* refer (295)?
   (b) Why is this goddess present here?
3. In lines 295–96, what construction do the words *coactis . . . cornibus . . . lunaribus* form?

II. Translation:

temptatum mollescit ebur positoque rigore
subsidit digitis ceditque, ut Hymettia sole
cera remollescit tractataque pollice multas
flectitur in facies ipsoque fit utilis usu.

Translate the above passage as literally as possible.

III. Essay Question:

interea niveum mira feliciter arte
sculpsit ebur formamque dedit, qua femina nasci
nulla potest, operisque sui concepit amorem.
virginis est verae facies, quam vivere credas,
et, si non obstet reverentia, velle moveri:
ars adeo latet arte sua. . . .

The phrase *ars adeo latet arte sua* describes the work of an artist whose skillful hand produces art which appears more natural than manmade. Write an essay in which you discuss how this phrase applies to the transformative power of Pygmalion's art described in this passage as well as to the metamorphosis that will occur later in the story.

TOPICAL BIBLIOGRAPHY

General

Boyd, Barbara Weiden. *Brill's Companion to Ovid* (Leiden: Brill, 2002).

Boyd, Barbara Weiden, and Cora Fox, eds. *Approaches to Teaching the Works of Ovid and the Ovidian Tradition* (New York: The Modern Language Association of America, 2010).

Knox, Peter, ed. *A Companion to Ovid* (Blackwell: Oxford, 2009).

Hardie, Philip R. *The Cambridge Companion to Ovid* (Cambridge, UK: Cambridge University Press, 2002).

Volk, Katharina. *Ovid* (Oxford: Wiley-Blackwell, 2010).

General: Amores

Boyd, Barbara Weiden. *Ovid's Literary Loves. Influence and Innovation in the "Amores"* (Ann Arbor: University of Michigan Press, 1997).

Buchan, M. "*Ovidius Imperamator*: Beginnings and Endings of Love Poems and Empire in the *Amores*." *Arethusa* 28 (1995) 53–85.

Cahoon, L. "The Bed as Battlefield: Erotic Conquest and Military Metaphor in Ovid's *Amores*." *Transactions and Proceedings of the American Philological Association* 118 (1988) 293–307.

Davis, John T. *Fictus Adulter Poet as Actor in the "Amores"* (Amsterdam: J. C. Gieben, 1989).

Davis, P. J. "Ovid's *Amores*: A Political Reading." *Classical Philology* 94.4 (1999) 431–99.

Gold, Barbara, ed. *A Companion to Latin Love Elegy*. (Oxford: Blackwell Publishing, 2012).

Greene, Ellen. *The Erotics of Domination: Male Desire and the Mistress in Latin Love Poetry* (Baltimore: The Johns Hopkins University Press, 1998).

James, Sharon L. "Slave-Rape and Female Silence in Ovid's Love Poetry." *Helios* 24.1 (1995) 60–76.

———. *Learned Girls and Male Persuasion: Gender and Reading in Roman Love Elegy* (Berkeley: University of California Press, 2003).

Katz, Phyllis. "Teaching the Elegiac Lover in Ovid's *Amores*." *Classical World* 102.2 (2009) 163–67.

Keith, A. M. "*Corpus Eroticum*: Elegiac Poetics and Elegiac *Puellae* in Ovid's *Amores*." *Classical World* 88 (1994) 27–40.

———. "Etymological Wordplay in Ovid's 'Pyramus and Thisbe' (Met. 4.55–166)." *The Classical Quarterly* 51.1 (2001) 309–12.

Kenney, E. J. "The Tradition of Ovid's *Amores*." *The Classical Review* 5.1 (1955) 13–14.

Liveley, Genevieve, and Patricia B. Salzman-Mitchell. *Latin Elegy and Narratology: Fragments of Story* (Columbus: Ohio State University Press, 2008).

Luck, George. *The Latin Love Elegy* (New York: Barnes and Noble, 1960).

Martin, Christopher. *Policy in Love: Lyric and Public in Ovid, Petrarch, and Shakespeare* (Pittsburgh: Duquesne University Press, 1994).

McKie, D. S. "Ovid's *Amores*: The Prime Sources for the Text." *The Classical Quarterly* 36.1 (1986) 219–38.

Oakley-Brown, Liz, et al. "Approaches to Teaching the Works of Ovid and the Ovidian Tradition." *The Classical Review* 62.1 (2012) 155–57.

O'Gorman, Ellen. "Love and the Family: Augustus and Ovidian Elegy." *Arethusa* 30 (1997) 103–24.

Paxson, J., and Cynthia Gravlee, eds. *Desiring Discourse: the Literature of Love, Ovid through Chaucer* (Selinsgrove: Susquehanna University Press, 1998).

Stapleton, M. L. *Harmful Eloquence: Ovid's* Amores *from Antiquity to Shakespeare* (Ann Arbor: University of Michigan Press, 1996).

Tracy, V. A. "Dramatic Elements in Ovid's *Amores*." *Latomus* 36 (1977) 496–500.

Veyne, P. *Roman Erotic Elegy: Love, Poetry and the West*. David Pellauer, trans. (Chicago: University of Chicago Press, 1988).

Volk, Katharina. "*Ille Ego*: (Mis)Reading Ovid's Elegiac Persona." *Antike und Abendland* 51 (2005) 83.

Commentaries: Amores

Barsby, John A. *Ovid's "Amores" Book* 1 (Oxford: Clarendon Press, 1973).

Booth, Joan. *The Second Book of the Amores* (Warminster: Aris & Phillips, 1991).

McKeown, J. C. *Ovid, Amores: Text, Prolegomena, and Commentary,* Volumes I–III (Liverpool, England: F. Cairns, 1987).

Ryan, Maureen B., and Caroline A. Perkins. *Ovid's Amores, Book One: A Commentary* (Norman: University of Oklahoma Press, 2011).

Translations: Amores

Green, P., trans. *Ovid. The Erotic Poems* (New York: Penguin, 1982).

Humphries, Rolfe. *The Loves, The Art of Beauty, The Remedies for Love, and The Art of Love* (Bloomington: Indiana University Press, 1957).

Lee, Guy. *Ovid's Amores* (New York: Viking Press, 1968).

Melville, A. D. *Ovid. The Love Poems* (Oxford: Oxford University Press, 1990).

Showerman, Grant. *Ovid I: Heroides and Amores* (Cambridge: Harvard University Press, Loeb Edition, 1986).

Slavitt, David R., trans. *Love Poems, Letters, and Remedies of Ovid* (Cambridge: Harvard University Press, 2011).

Amores I. 1

Keith, Alison M. "*Amores* 1.1: Propertius and the Ovidian Programme." In *Studies in Latin Literature and Roman History,* ed. C. Deroux (Bruxelles: *Latomus,* 1992) 6.327–44.

Amores I. 3

Barsby, J. A. "*Desultor amoris* in *Amores* 1.3." *Classical Philology* 70 (1975) 44–45.

Olstein, K. "*Amores* 1.3 and Duplicity as a Way of Love." *Transactions and Proceedings of the American Philological Association* 105 (1975) 241–57.

Amores I. 9

Cahoon, Leslie. "The Bed as Battlefield: Erotic Conquest and Military Metaphor in Ovid's *Amores*." *Transactions of the American Philological Association* (1988) 293–307.

McKeown, J. C. "*Militat omnis amans*." *Classical Journal* 90 (1995) 295–304.

Murgatroyd, P. "*Militia Amoris* and the Roman Elegists." *Latomus* 34 (1974) 57–59.

———. "The Argumentation in Ovid *Amores* 1.9." *Mnemosyne* 52.5 (1999) 569–71.

Olstein, K. "*Amores* 1.9 and the Structure of Book I." *Studies in Latin Literature and Roman History,* ed. C. Deroux. *Latomus* 164 (1979) 286–300.

Amores I. 11

McKie, D. S. " Love in the Margin: Ovid, *Amores* 1.11.22." *Proceedings of the Cambridge Studies in Classical Philology* 30 (1984) 79–83.

Amores I. 12

Baker, R. "*Duplices Tabellae*: Propertius 3.23 and Ovid *Amores* 1.12." *Classical Philology* 68 (1973) 109–13.

Amores II. 19

Buhner, Emily Dawn. "Rivalry and Desire: Male-Male Relations in Ovid's *Amores* and French Feminist Theory." Thesis. University of North Carolina, Chapel Hill, 2009.

Amores III. 12

Buhner, Emily Dawn. "Rivalry and Desire: Male-Male Relations in Ovid's *Amores* and French Feminist Theory." Thesis. University of North Carolina, Chapel Hill, 2009.

Greene, Ellen. "Sexual Politics in Ovid's *Amores*: 3.4, 3.8, and 3.12." *Classical Philology* 89 (1994) 344–50.

McKeown, J. C. "Ovid, *Amores* 3.12" In *Papers of the Liverpool Latin Seminar, Second Volume 1979,* ed. Francis Cairns (Liverpool, 1979) 163–77.

Amores III. 15

See general works on the *Amores*.

General: Metamorphoses

Ahl, Frederick. *Metaformations: Soundplay and Wordplay in Ovid and Other Classical Poets* (Ithaca: Cornell University Press, 1985).

Anderson, William S. "Multiple Changes in the *Metamorphoses.*" *Transactions and Proceedings of the American Philological Association* 94 (1963) 1–27.

———. "Aspects of Love in Ovid's *Metamorphoses.*" *Classical Journal* 90 (1995) 265–69.

Barchiesi, Alessandro. *The Poet and the Prince: Ovid and Augustan Discourse* (Berkeley: University of California Press, 1997).

Brown, Sarah Annes. *Ovid: Myth and Metamorphosis.* (London: Bristol Classical Press, 2005).

Cahoon, Leslie. "Let the Muse Sing On: Poetry, Criticism, Feminism and the Case of Ovid." *Helios* 17 (1990) 197–211.

Culham, Phyllis. "Decentering the Text: The Case of Ovid." *Helios* 17 (1990) 161–70.

Curran, L. C. "Rape and Rape Victims in the *Metamorphoses.*" *Arethusa* 11 (1978) 213–41.

Due, Otto Steen. *Changing Forms: Studies in the Metamorphoses of Ovid* (Copenhagen: Gyldendal, 1974).

Fantham, Elaine. *Ovid's Metamorphoses* (Oxford, UK: Oxford University Press, 2004).

Fränkel, Hermann. *Ovid: A Poet Between Two Worlds* (Berkeley: University of California Press, 1945).

Feldherr, Andrew. *Playing Gods: Ovid's Metamorphoses and the Politics of Fiction* (Princeton: Princeton University Press, 2010).

Galinsky, G. Carl. *Ovid's Metamorphoses: An Introduction to the Basic Aspects* (Berkeley: University of California Press, 1975).

Ginsberg, Warren. "Ovid's 'Metamorphoses' and the Politics of Interpretation." *The Classical Journal* 84.3 (1989) 222–31.

Glen, Edgar M. *The Metamorphoses: Ovid's Roman Games* (Lanham, MD: University Press of America, 1986).

Hallett, Judith. "Contextualizing the Text: The Journey to Ovid." *Helios* 17 (1990) 187–95.

Hardie, Philip, Alessandro Barchiesi, and Stephen Hinds. *Ovidian Transformations: Essays on the Metamorphoses and its Reception.* (Cambridge: Cambridge Philological Society, 1999).

Hinds, Stephen. "Generalizing about Ovid." *Ramus* 16 (1987) 4–31.

Johnson, Patricia J. *Ovid before Exile: Art and Punishment in the Metamorphoses* (Madison: University of Wisconsin Press, 2008).

Kenney, E. J. "The Style of the *Metamorphoses*." In *Ovid,* ed. J. W. Bins (Boston: Routledge and Kegan Paul, 1973) 116–53.

Knox, Peter. *Ovid's* Metamorphoses *and the Traditions of Augustan Poetry* (Cambridge: Cambridge Philological Society, 1986).

Mack, Sara. *Ovid* (New Haven: Yale University Press, 1988).

Myers, K. Sara. "The Metamorphosis of a Poet: Recent Work on Ovid." *Journal of Roman Studies* 89 (1999) 190–204.

Nagle, Betty Rose. "*Amor, Ira,* and Sexual Identity in Ovid's Metamorphoses." *Classical Antiquity* 3 (1984) 236–55.

———. "Ovid: A Poet between Two Novelists." *Helios* 12:1 (1985) 65–73.

Otis, Brooks. *Ovid as an Epic Poet* (Cambridge: Cambridge University Press, 1966).

Richlin, Amy. "Reading Ovid's Rapes." *Pornography and Representation in Greece and Rome* (Oxford: Oxford University Press, 1994) 158–89.

Salzman-Mitchell, Patricia B. *A Web of Fantasies: Gaze, Image, and Gender in Ovid's* Metamorphoses (Columbus: Ohio State University Press, 2005).

Segal, Charles. *Landscape in Ovid's* Metamorphoses*: A Study in the Transformation of a Literary Symbol* (Wiesbaden: Franz Steiner, 1969).

———. "Narrative Art in the Metamorphoses." *Classical Journal* 66 (1971) 331–37.

Solodow, Joseph. *The World of Ovid's* Metamorphoses (Chapel Hill: University of North Carolina Press, 1988).

Steiner, Grundy. "Ovid's *Carmen Perpetuum*." *Transactions and Proceedings of the American Philological Association* 89 (1958) 218–36.

Tissol, Garth. *The Faces of Nature: Wit, Narrative, and Cosmic Origins in Ovid's Metamorphoses* (Princeton: Princeton University Press, 1997).

———. "Ovid's Little *Aeneid* and the Thematic Integrity of the *Metamorphoses*." *Helios* 20.1 (1993) 69–79.

Wheeler, Stephen Michael. *A Discourse of Wonders: Audience and Performance in Ovid's* Metamorphoses (Philadelphia: University of Pennsylvania Press, 1999).

Commentaries: Metamorphoses

Anderson, William S. *Ovid's* Metamorphoses*, Books 1–5* (Norman: University of Oklahoma Press, 1997).

———. *Ovid's* Metamorphoses*, Books 6–10* (Norman: University of Oklahoma Press, 1972).

Bömer, Franz, and Ulrich Schmitzer. *P. Ovidius Naso, Metamorphosen: Kommentar Von Franz Bömer: Addenda, Corrigenda, Indices* (Heidelberg: C. Winter, 2006).

Hill, D. E. *Metamorphoses* (Warminster, Wiltshire: Aris & Phillips, I–IV; V–VIII; IX–XII; XIII–XV, 1985–1999).

Lee, A. G. *Ovid*: Metamorphoses *Book I* (Wauconda, IL: Bolchazy-Carducci Publishers, 1988).

Translations: Metamorphoses

Hughes, Ted. *Tales from Ovid* (New York: Farrar, Straus and Giroux, 1995).

Mandelbaum, A. *The* Metamorphoses *of Ovid* (New York: Harcourt Brace, 1993).

Melville, A. D. *Metamorphoses* (Oxford: Oxford University Press, 1986).

Miller, Frank J. *Metamorphoses* (Cambridge, MA: Harvard University Press, 1976).

Raeburn, D. A. Ovid. *Metamorphoses.* A new Verse Translation with an Introduction by D. Feeney (London: Penguin Books, 2004).

Simpson, Michael. *The* Metamorphoses *of Ovid* (Amherst: University of Massachusetts Press, 2001).

Slavitt, David R. *The* Metamorphoses *of Ovid* (Baltimore: Johns Hopkins University Press, 1994).

Creation

McKim, Richard. "Myth against Philosophy in Ovid's Account of Creation." *The Classical Journal* 80.2 (Dec. 1984–Jan. 1985) 97–108.

Myers, K. Sara. *Ovid's Causes: Cosmogony and Aetiology in the* Metamorphoses (Ann Arbor: University of Michigan Press, 1994).

O'Hara, James. "Some God . . . or His Own Heart: Two Kinds of Epic Motivation in the Proem to Ovid's *Metamorphoses.*" *The Classical Journal,* 100.2 (Dec. 2004–Jan. 2005) 149–61.

Tarrant, Richard. "Chaos in Ovid's *Metamorphoses* and its Neronian Influence." *Arethusa* 35.3 (Fall 2002) 349–60.

Wheeler, Stephen. "*Imago Mundi*: Another View of the Creation in Ovid's *Metamorphoses.*" *The American Journal of Philology* 116.1 (Spring 1995) 95–121.

Apollo and Daphne

Barnard, Mary E. *The Myth of Apollo and Daphne from Ovid to Quevedo: Love, Agon and the Grotesque* (Durham: Duke University Press, 1987).

Francese, C. "Daphne, Honor, and Aetiological Action in Ovid's *Metamorphoses.*" *Classical World,* 97.2 (2004) 153–57.

Gross, N. P. "Rhetorical Wit and Amatory Persuasion in Ovid." *Classical Journal* 74 (1979) 305–18.

Hollis, A. S. "Ovid, *Metamorphoses* 1.455ff.: Apollo, Daphne, and the Pythian Crown." *Zeitschrift für Papyrologie und Epigraphik* 112 (1996) 69–73.

Knox, Peter E. "In Pursuit of Daphne." *Transactions and Proceedings of the American Philological Association* 120 (1990) 183–202.

Nethercut, W. R. "Daphne and Apollo. A Dynamic Encounter." *Classical Journal* 74 (1979) 333–47.

Nicoll, W. S. M. "Cupid, Apollo, and Daphne (Ovid, Met. 452ff.)." *Classical Quarterly* (1980) 174–82.

Pyramus and Thisbe

Crockett, Bryan. "The 'Wittiest Partition': Pyramus and Thisbe in Ovid and Shakespeare." *Classical and Modern Literature* 12 (1991) 49–58.

Duke, T. T. "Ovid's Pyramus and Thisbe." *Classical Journal* 66 (1971) 320–27.

Fowler, Don. "Pyramus, Thisbe, King Kong: Ovid and the Presence of Poetry." In *Roman Constructions.* (Oxford: Oxford University Press, 2000) 156–67.

Glendinning, Robert. "Pyramus and Thisbe in the Medieval Classroom." *Speculum* 61 (1986) 103–15.

Jacobson, Howard. "Etymological Wordplay in Ovid's 'Pyramus and Thisbe' (MET. 4.55–166)." *Classical Quarterly* 51 (2001) 309–14.

Jann, Micaela. "There Beneath the Roman Ruin Where the Purple Flowers Grow: Ovid's Minyeides and the Feminine Imagination." *The American Journal of Philology* 115.3 (1994) 427–48.

Knox, Peter. "Pyramus and Thisbe in Cyprus." *Harvard Studies in Classical Philology* 88 (1989) 315–28.

Newlands, Carole. "The Simile of the Fractured Pipe in Ovid's *Metamorphoses* 4." *Ramus* 15 (1986) 145–53.

Perraud, Louis A. "*Amatores Exclusi*: Apostrophe and Separation in the Pyramus and Thisbe Episode." *The Classical Journal* 79.2 (1983) 135–39.

Rhorer, Catharine. "Red and White in Ovid's *Metamorphoses*: The Mulberry Tree in the Tale of Pyramus and Thisbe." *Ramus* 9 (1980) 79–88.

Rudd, Niall. "Pyramus and Thisbe in Shakespeare and Ovid: *A Midsummer Night's Dream* and *Metamorphoses* 4:1–166." In *Creative Imitation and Latin Literature*, ed. David West and Tony Woodman (Cambridge: Cambridge University Press, 1979) 173–93.

Shorrock, Robert. "Ovidian Plumbing in *Metamorphoses* 4."*Classical Quarterly* 53.2 (2003) 624–27.

Daedalus and Icarus

Davisson, Mary H. T. "The Observers of Daedalus and Icarus in Ovid." *Classical World* 90 (1997) 263–78.

Hoefmans, Marjorie. "Myth into Reality: The Metamorphosis of Daedalus and Icarus (Ovid, *Metamorphoses*, VIII, 183–234)." *L'Antiquité Classique* 63 (1994) 137–60.

Pavlock, Barbara. "Daedalus in the Labyrinth of Ovid's *Metamorphoses*." *Classical World* 92.2 (1998) 141–57.

Rudd, Niall. "Daedalus and Icarus (i) From Rome to the End of the Middle Ages; (ii) From the Renaissance to the Present Day." In Martindale 1988: 21–53 (see full reference in section Ovid's Influence on Art and Literature).

Wise, V. M. "Flight Myths in Ovid's *Metamorphoses*." *Ramus* 6 (1977) 44–59.

Philemon and Baucis

Gamel, M. K. "Baucis and Philemon. Paradigm or Paradox?" *Helios* 11 (1984) 117–31.

Green, Steven J. "Collapsing Authority and 'Arachnean' Gods in Ovid's Baucis and Philemon (Met. 8.611–724)." *Ramus* 32.1 (2003) 39–56.

Griffin, Alan H. F. "Philemon and Baucis in Ovid's *Metamorphoses*." *Greece and Rome* 38 (1991) 62–74.

Jones, C. P. "A Geographical Setting for the Baucis and Philemon Legend (Ovid, *Metamorphoses* 8.611–724)." *Harvard Studies in Classical Philology* 96 (1997) 200–3.

Orpheus and Eurydice

Bowra, C. M. "Orpheus and Eurydice." *The Classical Quarterly* 2.2&3 (1952) 113–26.

Makowski, John F. "Bisexual Orpheus: Pederasty and Parody in Ovid." *The Classical Journal* 92.1 (1996) 25–38.

Young, Elizabeth Marie. "Inscribing Orpheus: Ovid and the Invention of a Greco-Roman Corpus." *Representations* 101.101 (2008) 1–31.

Pygmalion

Arkins, Brian. "Sexy Statues: Pygmalionism in Irish Literature." *Classical and Modern Literature* 18.3 (1998) 247–50.

Davis, Sally. "Bringing Ovid into the Latin Classroom: Pygmalion." *Classical Journal* 90 (1995) 273–78.

Griffin, A. H. F. "Ovid's *Metamorphoses*." *Greece and Rome* 24 (1977) 57–70. [On the Narcissus and Pygmalion episodes].

James, Paula. "She's All That: Ovid's Ivory Statue and the Legacy of Pygmalion on Film." *Classical Bulletin* 79.1 (2003) 63–91.

Knowles, Ronald. "A Kind of Alaska: Pinter and Pygmalion." *Classical and Modern Literature* 16.3 (1996) 231–40.

Miller, J. H. *Versions of Pygmalion* (Cambridge, MA: Harvard University Press, 1990).

Ovid's Influence on Art and Literature

Aghion, Irene, Claire Barbillon, and Francois Lissarague, eds. *Gods and Heroes of Classical Antiquity* (Flammarion: Paris, 1996).

[Source for works of art on myth].

Barkan, Leonard. *The Gods Made Flesh: Metamorphosis and the Pursuit of Paganism* (New Haven: Yale University Press, 1986).

Boardman, John, et al., eds. *Lexicon Iconographicum Mythologiae Classicae* [LIMC] (Zurich: Artmeis Verlag, 1981–1997). [Eight volumes published (A–Z). Articles in German, English, French, or Italian. Each volume consists of: pt. 1: text; pt. 2: plates. Includes bibliographies. Focuses on ancient art to 1200 A.D.].

Hoffman, Michael, and James Lasdun. *After Ovid: New Metamorphoses* (New York: Farrar, Straus and Giroux, 1995). [Poems by contemporary poets modeled on the *Metamorphoses*].

Martindale, Charles, ed. *Ovid Renewed: Ovidian Influences on Literature and Art from the Middle Ages to the Twentieth Century* (Cambridge: Cambridge University Press, 1988).

Reid, Jane D. *The Oxford Guide to Classical Mythology in the Arts 1300–1990s*, 2 vols (Oxford: Oxford University Press, 1993).

Wilkinson, L. P. *Ovid Recalled* (Cambridge: Cambridge University Press, 1955). [General influence].

Web sites with Information on Ovid

http://ancienthistory.about.com/cs/people/a/ovid.htm

http://www.uvm.edu/~hag/ovid/baur1703/index.html

http://www.perseus.tufts.edu/

http://www.vroma.org/vromalinks.html

http://www.stoa.org/avclassics/

http://etext.virginia.edu/latin/ovid/

http://lilt.ilstu.edu/drjclassics/links.htm

http://larryavisbrown.homestead.com/files/xeno.ovid1.htm/

23883726R00074

Made in the USA
Charleston, SC
08 November 2013